堡垒·先锋

中国电力工程顾问集团有限公司基层党支部优秀案例集

中国电力工程顾问集团有限公司◎主编

中国出版集团有限公司
China Publishing Group Co., Ltd.
研究出版社

图书在版编目 (CIP) 数据

堡垒·先锋：中国电力工程顾问集团有限公司基层党支部优秀案例集 / 中国电力工程顾问集团有限公司主编. -- 北京：研究出版社，2023.3

ISBN 978-7-5199-1398-4

Ⅰ.①堡… Ⅱ.①陈… Ⅲ.①中国共产党－电力工业－工业企业－基层组织－党支部－工作－案例 Ⅳ.①D267.1

中国版本图书馆CIP数据核字(2022)第247514号

出 品 人：赵卜慧
出版统筹：丁 波
责任编辑：寇颖丹

堡垒·先锋

BAOLEI · XIANFENG

—— 中国电力工程顾问集团有限公司基层党支部优秀案例集

中国电力工程顾问集团有限公司 主编

研究出版社 出版发行

（100006 北京市东城区灯市口大街100号华腾商务楼）

北京隆昌伟业印刷有限公司 新华书店经销

2023年3月第1版 2023年3月第1次印刷

开本：710毫米×1000毫米 1/16 印张：16.75

字数：241千字

ISBN 978-7-5199-1398-4 定价：68.00元

电话（010）64217619 64217652（发行部）

编委会

序言

PREFACE

党支部是党的基础组织，是党组织开展工作的基本单元，是党的全部工作和战斗力的基础，是各项政策在基层落实的坚强领导核心。党的十八大以来，党中央高度重视党支部建设，树立“党的一切工作到支部”的鲜明导向，要求把基层党组织建设成为有效实现党的领导的坚强战斗堡垒，激励党员发挥先锋模范作用，保持党员队伍的先进性和纯洁性。

中国电力工程顾问集团有限公司（以下简称“中电工程”）创立于1950年，是中国能源建设股份有限公司的全资子公司，是中国电力规划设计事业的开创者、能源电力工程行业的国家队和排头兵。近年来，中电工程党委强化“三基建设”，推进党建融合创效，不断提升党支部工作标准化、规范化、品牌化水平，持续打造具有中电工程特色的党建工作体系。广大基层党支部紧紧围绕企业改革发展大局和生产经营重点任务，强化政治功能、提升组织力，充分发挥战斗堡垒作用和党员先锋模范作用，创新探索形成了一批优秀工作法，有力推动了企业高质量发展。

中电工程党委从基层党支部工作实践出发，对党支部优秀工作法进一步研究提炼，编写了《堡垒·先锋——中国电力工程顾问集团有限公司基层党支部优秀案例集》，介绍党支部建设、组织生活、党员教育管理、堡垒作用发挥、党建品牌创建以及项目党建等工作的实践案例。针对党支部工作的重点难点问题，本书在方法上有创新、载体上有拓展、内容上有延伸，贴近基层工作实际，兼具国有企业特色，代表性、实用性、创新性强。

本书可作为基层党务工作者开展党支部工作的参考资料，也可以作为普通党员深化了解支部工作、强化组织纪律、锤炼党性的认识读本。

案例总结永远赶不上实践创新脚步，加之时间和编者水平有限，本书难免有疏漏或不当之处，恳请同行专家和广大读者批评指正。

目录

CONTENTS

●支部建设篇

●组织生活篇

●党员教育管理篇

●堡垒作用篇

党建品牌篇

项目党建篇

PART 1

支部建设篇

篇首语

党支部是党的基础组织，是党在社会基层组织中的战斗堡垒，是党的全部工作和战斗力的基础。全面从严治党要在国有企业落实落地，必须要从党支部建设严起。中电工程基层党组织积极强化政治引领，坚持服务生产经营不偏离，主动融入中心工作，把自身的政治优势、组织优势、群众优势转化为企业的竞争优势、创新优势和高质量发展优势，做价值创造的推动者。

本篇章8个优秀党支部建设案例既有平台创新、载体创新，也有形式创新、模式创新。中南院建设的“智慧党建e平台”为数字化标准化党建提供了参考和借鉴；山西院严把“组织、程序、人选、稳定”四道关口，旨在打造坚强有力的班子集体；西南院“2+4+2”项目化党建管理法总结出了一套常规工作和特色工作并举、交相辉映的独特管理模式；江苏院“贴近生产经营、贴近工作前线、贴近普通党员”的三贴近，确保组织活动在基层落地，实现了支部党建工作效能的持续提升。8个案例立足实际，展现了鲜活的党建工作实践，形成抓基层、强基础的浓厚氛围，希望这些具有鲜明时代特征、中电工程特色和企业各自特点的创建成果，能够给广大基层党组织开展党建工作带来启发和思考。

党支部“135”管理法提升党建效能

中南院党委

一、实施背景

党支部是党组织开展工作的基本单元，是党的全部工作和战斗力的基础，是团结群众的核心、教育党员的学校、攻坚克难的堡垒。近年来，如何加强新时期党支部建设，探索使用党建信息化系统、规范支部工作、强化党支部的战斗堡垒作用是国有企业基层党建工作面临的普遍难题。自2019年以来，中国电力工程顾问集团中南电力设计院有限公司党委坚持问题导向，建制度、搭平台、强指导、重实效，形成了一套独有的党支部标准化建设“135”管理法，有效提升党支部工作效率和管理水平，为基层党组织“减负增效”。

中南院党务工作者利用智慧党建e平台开展工作

二、主要做法

（一）用好一个智慧党建e平台

为了便于党支部书记、委员开展支部工作，中南院紧扣党支部工作的内核，自主研发了智慧党建e平台。平台包括党支部、党员信息、发展党员、组织关系、党费管理、党内先进和党内统计七大板块，将支部活动纪实、民主评议党员、党员发展、党费管理、党内评优表彰和党内统计等党支部日常核心工作纳入平台管理，通过支部委员和专职党务人员实时填报实现数据库的动态更新。实际上，平台的使用和动态更新过程就是党支部基础工作规范开展的过程。以组织关系板块中的“组织关系变动”子板块为例，党员在公司内支部间变动时，无需手写转支部的申请，也无需找支部书记、委员签字，只需在e平台上发起组织关系变动流程，相关支部书记和委员、党群部专责在线审批即可完成变动，流程规范、节省时间。智

中南院兴独线项目党员突击队现场踏勘

慧党建e平台与其他党建信息化平台或App不同的是，它的主要功能是党务管理，使用对象是基层党务工作者。而其他信息化平台或App比如“学习强国”则是面向全体党员、面向全社会的学习平台。支部书记、委员通过智慧党建e平台进行日常党务工作管理，将学习强国平台、共产党员网等作为党员学习教育的辅助手段，为支部建设提供强有力的抓手。

当然，平台的建设是一个持续改进的过程，需要在使用中结合上级党组织党建工作的最新要求和使用中存在的问题不断完善。比如：根据党建工作需要，增设了“战斗堡垒”板块，专门设计了成立党员突击队线上审批流程，该流程由承担“急、难、新、险、重”任务党员人数隶属较多的党支部提出申请，其他有隶属党员的党支部会签，方案和队长、副队长人选一并在线上备案，既规范了工作流程，也极大地提高了工作效率。

（二）印发三个标准化线下文件模板

虽然党支部通过智慧党建e平台实现了基础党建工作线上办理，但有几类工作一定要有书面的记录：“三会一课”的记录、党费情况的记录和发展党员的相关档案，这是组织工作的特性决定的。为了对党支部开展这三项工作进行规范化管理，中南院设计印发了三个标准化线下文件：《党支部活动记录本》《党费交纳使用管理登记簿》《发展党员档案袋》。这三个文件通过标准化格式的设计，为支部开展活动记录、进行党费交纳使用管理、发展党员提供了格式化的蓝本。支部通过对这三个标准化线下文件的动态维护，进一步增强支部组织生活、党费记录管理和发展党员等基础工作的规范性。

（三）实现五个标准化支部建设目标

为了进一步规范党支部活动，中南院滚动修订了《党的组织生活制度》《党费和党组织工作经费管理办法》《发展党员工作办法》《党支部选举工作办法》《党支部工作考核办法》和《外派机构党建工作管理办法》等十几项党建制度，为支部标准化建设提供了制度遵循。中南院还专门设置了党员活动室供各支部开展活动。党员活动室的主墙面设置了入党誓词、党员的义务、权利标牌，“三会一课”制度、发展党员制度、党的组织生活规定、民主评议党员规定等制度也都在墙面展示。此外，还设置了道德讲堂背景板和荣誉墙。这些为支部活动开展提供了硬件支持。结合上文提到的智慧党建e平台和三个线下标准化文件，各党支部最终实现了信息台账标准化、组织生活标准化、党员管理标准化、党费管理标准化、活动阵地标准化五个标准化的目标。即：通过智慧党建e平台党支部板块和党员信息板块里面的书记委员分工、支部活动纪实填报、民主评议党员、党员信息维护等子板块的动态更新维护，实现了信息台账的标准化；通过制度支撑和线下线上纪实填报，实现了组织生活标准化；通过发展党员标准化文件和线上发展党员板块入党申请人申报、入党积极分子和发展对象确认流程以及党员信息台账动态更新实现了党员管理标准化；通过e平台党费管理和线下党费管理标准化文件实现了党费管理标准化；通过党员活动室的推广使用实现了活动阵地标准化。

三、成果成效

党支部标准化建设“135”管理法的运用为党建工作的“神经末梢”构筑了“坚强堡垒”。通过标准化体系的建立，各党支部创新了党建工作方式方法，提高了工作流程的科学性与可操作性，使党建工作由“经验型”转变为“科学化”，实现了支部工作“减负增效”。从近两年的支部工作检查情况来看，运用“135”管理法后，各党支部开展党员管理、党费管理和党支部活动管理的规范性有了明显提升，党务工作者的积极性得到了明显提高，党支部的凝聚力、号召力得到了明显增强。中南院党委被评为中电工程“先进基层党组织”；国际工程支部、新能源支部、工程总承包支部先后被评为中国能建“先进基层党组织”；发电四支部、工程总承包支部先后被评为中国能建“基层示范党支部”，工程经济支部、新能源支部先后被评为湖北省国资委“先进基层党组织”。

中南院电网二支部开展“拓路先锋，心系电网”创意摆拍活动

［执笔人：韩　茜　中南院党群工作部（工会办公室）一级管理师］

点评 中南院党委主动适应数字化转型需要，运用“135”管理法建立智慧党建e平台，先行先试，为从“互联网+党建”向“智慧党建”“云党建”过渡积累了宝贵经验，大大提升了党建工作效能。

“四位一体”推进党支部标准化建设

山西院党委

一、实施背景

加强基层党支部标准化建设，既是落实全面从严治党的重要抓手，也是夯实“三基”建设的内在要求。党的力量来自组织，特别是对于国有企业而言，推行标准化工作模式，提高党建工作质量，可以有效提升党组织的凝聚力、影响力和战斗力，使之更好地服务大局，促进中心工作。中国能源建设集团山西省电力勘测设计院有限公司党委积极探索推动党支部工作标准化的模式，开展“党支部标准化建设年”活动，通过多种方式不断提升党支部工作水平。

二、主要做法

山西院党委紧扣新时代党的建设总要求，以党的政治建设为统领，围绕“一流党建”创建，通过制定年度目标、指导日常工作、加强过程督导、检验最终成效“四位一体”的全过程管理，全面推进党支部标准化建设，为企业高质量发展提供坚强的政治保障。

（一）坚持目标导向，建立深度融合机制

山西院党委于每年年初编制《党总支（支部）工作目标卡》，将党建基础工作和党建助推中心工作的具体目标任务分解到各党总支（支部），

要求各党总支（支部）结合工作实际制定相应工作措施，落实到责任人和相关参与人员，确保时限内完成。通过“双项”目标的确立和责任的下沉，一方面帮助党总支（支部）梳理工作思路、规范工作流程、明确工作方向，另一方面使党建与中心工作相互促进、有机结合，形成工作目标的深度融合机制。

山西院2021年4月党群工作任务清单

<table>
<tr><th>序号</th><th>工作内容</th><th colspan="2">具体要求</th><th>完成时间</th></tr>
<tr><td rowspan="9">1</td><td rowspan="9">党史学习教育</td><td rowspan="6">考题学习</td><td>学习《习近平谈治国理政（第三卷）》第十五、十六专题内容。</td><td>4月30日</td></tr>
<tr><td>持续学习党的十九届五中全会精神相关内容。</td><td>4月30日</td></tr>
<tr><td>学习宋海良在中国能建党史学习教育动员部署大会上的讲话。</td><td>4月30日</td></tr>
<tr><td>学习公司党委《关于开展党史学习教育的工作方案》。</td><td>4月30日</td></tr>
<tr><td>按照中国能建的要求，组织观看《党史故事100讲》、关注“人文能建”党史学习相关内容。</td><td>持续</td></tr>
<tr><td>结合支部工作实际，开展多样化的党史学习教育。</td><td>持续</td></tr>
<tr><td>制定计划</td><td>根据公司党委《关于开展党史学习教育的工作方案》，结合支部工作实际制定相应的工作计划，要明确工作内容、开展时间、责任人等。</td><td>4月2日</td></tr>
<tr><td>宣传工作</td><td>指定一名联系人，每周三向党群部报送支部特色工作开展情况。</td><td>持续</td></tr>
<tr><td colspan="2"></td><td></td></tr>
<tr><td>2</td><td>党支部工作标准化</td><td colspan="2">结合年度党建工作检查要求，完成相关整改工作，持续推进党支部工作标准化建设。</td><td>持续</td></tr>
<tr><td rowspan="2">3</td><td rowspan="2">关爱职工</td><td colspan="2">常态化地开展职工慰问帮扶工作。做好生育、生病等职工慰问探访工作。</td><td>全年</td></tr>
<tr><td colspan="2">疫情期间，相关党支部、分工会畅通和海外职工群众联系渠道，关注项目部职工思想动态，保护职工身心健康。</td><td>疫情期间</td></tr>
</table>

（二）制定工作方案，精准指导分类推进

为使各党总支（支部）能够更加明晰标准化建设的主要内容，在确立工作目标的基础上，山西院党委制定了《推进党支部工作标准化建设实施方案》，统筹推进六大类（即政治建设、组织设置、组织生活、教育管

理、工作载体、考核评价）标准化建设，并组织各党总支（支部）开展专题培训，给出具体的指导意见、工作措施和实施步骤，确保整体工作有序推进。同时，配发《党支部标准化工作手册》，进一步细化支部每一项工作的流程、范本、制度依据等，便于各党支部系统学习，在实际工作中能够有效运用。

（三）加强过程督导，促进支部工作落实

每月初，山西院党委根据上级党委的最新要求和指示精神，结合年初制定的《党总支（支部）工作目标卡》和月度实际工作，编制下发《党建工作月度任务清单》（以下简称“《清单》”），对当月支部的重点工作作出具体要求。其中，每月将党支部标准化建设工作列为重要工作内容，作为其他主要工作的重要支撑。以《清单》的形式开展工作，不仅督促各党总支（支部）将年初制定的整体目标转化为每月的工作落实，同时，以“标准化建设”为基础的月度工作，在提升支部工作质量中促进年度整体工作目标的实现，形成了良好“互促共进关系”。

（四）用好考核评价，检验支部工作成效

为深入推进党支部标准化工作，进一步检验党建工作质量，山西院党委年底结合支部书记述职评议开展党建督察考核工作。集中对16个党总支（支部）党建工作落实情况进行了全面督察，形成《党总支（支部）工作集中督查情况报告》。在各党总支（支部）组织开展党总支（支部）书记抓党建工作述职期间，分别对各党总支（支部）书记进行了党建基础知识测试，形成《党总支（支部）书记党建基础知识测试情况汇报》。在年终党总支（支部）书记抓党建工作述职评议大会上，山西院党委以两个《报告》为依据，结合平时了解掌握的情况以及深入联系点调研情况对各党总支（支部）书记抓党建工作进行评议打分，检验各党总支（支部）一年来的党建工作成效，并就存在的问题提出改进要求。

三、成果成效

在“围绕中心抓党建，抓好党建促发展”的工作思路下，通过一年的“四位一体”过程管理机制，山西院实现了党建工作和生产经营工作的“双赢”，有力地推进了企业管理提升和效能提升：一是实现党建工作圆满对标，有力促进生产经营开展。近年来，山西院连续超额完成全年经营指标，荣获中电工程经营工作贡献奖，进入“山西省100强企业”“山西省服务业100强企业”榜单。二是扎实推动标准化建设，支部工作质量明显提升。山西院党委通过年度目标制定、过程指导、有力督导和年终考核一体推进的工作机制运行，各党总支（支部）严格按照有关要求组织实施，在工作的熟知度、流程的规范性、堡垒作用的发挥等方面均有所提高，整体工作质量显著提升。三是党组织战斗堡垒作用凸显，获得上级党委充分肯定。连续获评“党建工作责任制考核优秀等级”，山西院党委和多个党支部荣获集团公司和山西省直机关“先进基层党组织”称号。

山西院荣获集团经营工作贡献奖

（执笔人：卫亦芸　中国能建山西院党群工作部党建专责）

点评 加强党支部建设，标准化是“形”，与中心工作紧密结合是“神”。山西院党委坚持高标准、严要求，“四位一体”清单化逐月推动各项党建目标落实，“形神兼备”实现党建工作和生产经营工作“双赢”。

“四到位”凝聚项目党支部班子合力

西南院天明项目部党支部

一、实施背景

中电工程是一家致力于打造“国际一流工程公司”的国有企业，项目是企业的发展之本、管理之基、效益之源、人才之根，项目党支部则是党建工作向基层深入延伸的“触角”，是打通基层党建“最后一公里”的关键抓手。项目党支部班子作为推动落实各项工作的“指挥部”和“战斗部”，其整体合力和作用发挥直接关系着项目党支部建设成效。

2019年以来，中国电力工程顾问集团西南电力设计院有限公司天明项目部党支部积极落实西南院党委要求，以“四到位”为抓手，坚持把党支部班子建设作为夯实基层组织的基础，不断提升项目班子建设质量，打造坚强有力的领导集体，助推项目顺利开展。

二、主要做法

（一）政治引领到位，锻造政治素质过硬的支部班子

加强政治理论学习，以理论上的清醒筑牢政治上的坚定。通过“带头学、领头讲、大家答、共提升”，实现学以致用、用以促学、知行合一。党支部班子带头深入学习习近平新时代中国特色社会主义思想，不断提升班子成员政治素养。创新开展支委“微党课”领讲，讲理论、述故事，让每名支委既当“教员”又当“学员”。支委与党员面对面开展研讨交流，

以"讲—问—论"（问题大家提，是非大家辩，道理大家论）的方式强化支委和党员的互动交流，激发活力，锻炼党性。丰富学习方式，通过重温入党誓词、参观红色纪念馆、线上知识竞赛、开展"书映百年伟业"读书活动等，持续引导广大党员时刻牢记党的初心使命，打造政治坚定、行动自觉的领导班子。

西南院天明党支部到王右木纪念馆参观学习

重大事项共商共谋，班子团结协作引领力强。项目部建立了班子会、党支部委员会议事规则等，进一步发挥党支部的政治核心作用，提高项目部管理民主化、科学化、制度化的水平，为重大事项集体决策提供强有力的保障。在项目经理为非党员的情况下，党支部书记参加项目的生产经营会议，确保党支部对重要决策的知情权、参与权和监督权。紧紧围绕项目建设和管理，规范实施、有序推进项目党务公开、业务公开，营造"公开、公平、公正"的良好氛围。

（二）融合创效到位，锤炼业务能力扎实的支部班子

提升业务能力促进攻坚创效。结合项目建设过程中的重点、难点、堵

点问题，支部班子利用“三会一课”、主题党日等载体，与生产紧密结合，开展质量过程创优和业务能力提升等主题活动，组织业务能力强的党员开展EPC合同解读和价款调整、设备材料合同风险分析评估及控制讨论、常见电气主接线、合同创优流程等技术商务问题的学习，有效解决了工作中实际问题，将支部的组织力转化成价值创造力。

发挥表率作用强化攻坚创效。开展“党建+三比（比实干、比担当、比贡献）”专项活动，聚焦项目建设和急难险重任务，支部班子坚持靠前指挥、真抓实干，带头认领攻坚任务，带队成立化学区域党员突击队、集控楼装饰装修党员突击队、启动锅炉与燃油泵房党员突击队等，切实发挥示范引领作用，以高度的行动自觉提升项目成效。

筑牢安全根基保障攻坚创效。设立安全管理党员责任区，支部班子带头进行安全巡检。尤其是在新冠肺炎疫情暴发后，支部班子以身作则，带领全体党员冲锋在前，营造“讲安全、重安全、保安全”的良好氛围。

（三）队伍建设到位，打造团结协作的支部班子

聚焦“严”字，打造高水平班子队伍。召开支部委员会会议集体研究班子内部分工，严格细化职责清单，形成既各司其职又相互配合的有序局面。

聚焦“培”字，打造高质量党员队伍。党支部对每名党员岗位技能需求进行分析，支部班子成员点对点联系支部党员，以每年解决至少一项自身在业务技能方面存在的短板为目标，持续提升党员的专业技术能力；对于政治过硬、技术能手等优秀人才，支部加强联系，重点培养，不断补充党员队伍新鲜血液。

聚焦“带”字，打造高技能职工队伍。开展师带徒、传帮带活动，定期召开座谈会、谈心会，把项目建设作为孵化高技能人才的摇篮，为整体推进业务发展注入动力。

西南院天明项目党支部开展党员示范岗创建活动

（四）形象塑造到位，建设作风优良的支部班子

加强宣传引导，营造干事创业氛围。重视项目新闻宣传报道工作，结合项目阶段性成果和关键节点，突出强调抓进度、抓质量、抓安全的过程控制，对项目建设过程中涌现出来的先进人物和典型事迹进行宣传报道，营造有利于项目建设的舆论环境。

加强党风廉政建设，塑造项目廉洁形象。班子成员自觉贯彻落实中央八项规定精神，坚决落实反“四风”要求，扎实推进党支部廉政执行力建设。在项目部醒目的位置制作廉洁文化标识牌和展板，节假日前进行廉洁短信提醒，营造廉洁文化氛围。

加强职工关爱，凝心聚力促发展。支部班子聚焦职工关心问题，推动问题真正落实解决，增加了夜间车辆接送、开展工地除夕文化活动等，实现了项目建设和职工发展共同进步。

三、成果成效

天明项目部党支部狠抓支部建设“四到位”工作，推动了党的建设与

西南院天明项目党支部为双河镇小学送温暖

项目建设互融共促、党支部战斗堡垒作用有效发挥，为项目凝心聚力、攻坚克难创造了有利环境，保障了项目工期、安全、质量等目标的实现。目前，天明电厂2×100万千瓦2号机组已顺利投产，新建工程荣获“四川省省级安全生产文明施工标准化工地”称号。

［执笔人：龙春利　西南院党群工作部（工会办公室）］

点评 西南院天明项目部党支部以《关于推行工程项目党建工作“三抓三强四到位”的指导意见》为指引，通过深入贯彻落实政治引领到位、融合创效到位、队伍建设到位、形象塑造到位“四到位”要求，高标准建强班子、带动队伍，以丰富多彩的党建活动推动融合创效，为企业打造了靓丽的“名片”，为项目党支部如何开展党建工作做出了有益示范。

临时党支部　作用不“临时”

中南院党委

一、实施背景

随着国有企业业务范围和覆盖区域的不断拓展，企业内部组织机构设置更加多样，有的企业设立了子公司、分公司，有的成立了办事处、项目部。按照规定，对于存续时间较长的外派工作机构，如“为期6个月以上的工程、工作项目等，符合条件的，应当成立党支部”。但“为执行某项任务临时组建的机构，党员组织关系不转接的，经上级党组织批准，可以成立临时党支部”。近年来，为适应不断增长的业务发展需要，中国电力工程顾问集团中南电力设计院有限公司党委以问题为导向，制定发布《外派机构党建工作管理办法》（以下简称“《办法》”），明确了临时党支部成立和撤销的条件以及职责，加大了对临时党支部的建设和管理，积极探索临时党支部的机构设置、建设、管理模式和活动开展方式，形成了一套独有的“135”管理模式，使临时党支部发挥作用不“临时”。

二、主要做法

（一）“1”：构建一项制度

为了实现对外派机构党组织的科学管理，中南院在已有的《党支部工作考核办法》《组织生活制度》《工程项目党建工作指导清单（暂行）》等制度的基础上，全面总结以往外派机构党员管理的经验上，制定发布了

《办法》，对党支部和公司党委的职责划分，临时党支部的工作原则、基本任务、基本制度和活动方式等进行了明确规定，为临时党支部的成立和管理提供了制度支撑。

（二）“3”：做好三级管理

临时党支部的成立由各党支部（总支）负责申报，中南院党委负责审批和统一管理。

在中南院党委层面，主要负责将临时党支部纳入标准化管理的范畴，在支部工作检查、支部书记述职评议、主题教育等方面对临时党支部一并进行监督和考核。

在党支部层面，由于党员的组织关系未转出，原党支部继续负责不属于临时党支部职责范围内的事项，主要包括：发展党员、处分处置党员、收缴党费、选举党代表大会代表和进行换届等。临时党支部党员虽然参加临时党支部的组织生活，但党费仍向组织关系所在的支部缴纳。而涉及发展党员、处分处置党员、选举党代会代表和进行换届选举等，党支部需要通知相关临时党支部的党员参加。对于临时党支部党员在项目或者工作任务中途短暂回公司本部停留一段时间的，党支部通知这部分党员照常参加支部组织生活。

临时党支部最重要的任务就是开展政治学习，做好对党员的教育、管理和监督。支部活动的开展要将党的思想、制度建设充分贯彻到工程项目管理或相关任务中，要与实际紧密结合，鼓励支部成员立足自身岗位创造性开展工作，使每位党员成为一面旗帜。

（三）“5”：坚持五项原则

一是坚持围绕中心、服务大局。临时党支部在实际工作中将党建工作与中心工作紧密结合。注重将党建工作与项目现场生产有机结合，将项目党建融入项目管理“十化”，围绕安全环保、质量工期、疫情防控等开展了一系列特色活动。比如盂县临时党支部围绕质量安全环保，开设“安全小课堂”，对调整试验及试运行期间安全注意要点进行学习，对项目易发的典型事故案例进行讲解；开展“安全生产，青年先行”安全知识竞赛、“质量在我心，安全伴我行”PPT宣讲比赛等特色活动。

中南院盂县临时党支部开展“119”消防日消防安全知识竞赛

二是坚持遵纪守法、从严管理。临时党支部积极在了解、掌握党员的思想、工作和生活、廉洁从业等方面下功夫，收集职工群众的意见，加强党员经常性教育，确保不发生严重影响公司形象的事件。以中南院某临时党支部为例，该支部结合党风廉政建设宣教月活动，以廉洁教育为主题开展主题党日，通过组织观看警示教育片、发放家庭助廉卡等形式教育党员，筑牢廉洁防线。

三是坚持以人为本、和谐共建。临时党支部结合工作实际，加强对员工的爱国主义、集体主义教育，安全保密教育，激发员工对国家、企业的荣誉感，将企业文化融入员工内心。关心党员的工作、生活及思想状况，组织党员积极参加党组织各项活动，积极发挥党员的模范带头作用，并按照上级组织的要求，处理好突发事件。此外，努力处理好外派机构与周边社会群体的关系，积极履行社会责任。中南院某临时党支部在得知项目所在地学生简陋的教学条件后，自发捐款捐物，助力当地教育发展，树立了良好的企业形象。

四是坚持因地制宜、务实高效。外派工作机构特别是境外工作机构，要充分考虑境外特殊的政治经济和宗教文化等因素，结合当地具体情况，把握原则要求。临时党支部要在坚持“三会一课”、主题党日制度的基础上，创新工作方法，简化操作流程，以不同形式和名义开展好工作。中南院孟县临时党支部积极打造特色鲜明的党员活动室，结合生产实际创新形式采取“五个一”（每月开展一次主题党日、开展一次专题组织生活会、打造一间党员活动室、组织一次党史知识竞赛、为党员过一次政治生日）模式扎实开展党史学习教育，极大提高了党支部的凝聚力和战斗力。

中南院孟县临时党支部举办“学党史　知党情　跟党走”党史知识竞赛活动

五是坚持统筹管理、奖惩分明。中南院党委将外派工作机构临时党支部纳入直接管理的范畴，在支部工作检查考核方面加强监督和管理。对未及时申报或成立外派工作机构党组织的，对相关党支部（总支）涉及的部门按照支部工作考核细则进行扣分处理，并取消该党支部（总支）当年党内评先评优资格。中南院党委还将临时党支部纳入标准化管理的范畴，建立临时党支部书记联络群，将每月的学习重点和相关课件材料放到群内共享，各临时党支部可结合支部实际情况开展相关主题教育，并按照支部建设标准化要求填写支部活动记录本，做好相关活动资料的整理归档。

三、成果成效

自中南院临时党支部“135”管理模式推行以来，中南院已在符合条件的工程现场先后成立了9个临时党支部，严格落实“四同步”“四对接”，在做好党支部基础管理的同时，各临时党支部融入生产抓党建，积极协调整合各方资源，着力构建工程项目与各参建方之间的党建联建机制。在具体实践中，围绕保证项目工期，中南院某临时党支部为保证项目工期开展了“党员示范岗”活动，驻现场的党员积极发挥先锋模范作用，加强专业间的配合，抓紧雨季前时间段，克服炎热天气，不分昼夜加班加点，采取有效手段克服一切困难，有效地缩短了外业时间，保质保量完成了勘察任务。盂县项目临时党支部项目党建与品牌创建相结合，积极打造“流动的旗帜”支部品牌，在质量、安全、工期、分包采购的每一个环节，党员充分发挥骨干作用，冲锋在前，让党旗飘扬在工地，让支部活跃在现场，将党建工作优势转化为项目建设优势，力争实现完成一个项目、树立一面旗帜。中南院各临时党支部已成为凝聚项目党员力量的战斗堡垒，真正实现了“党员到哪里，党的组织就建到哪里，党内活动就开展到哪里，党员的先锋模范作用就发挥到哪里”。

［执笔人：韩　茜　中南院党群工作部（工会办公室）一级管理师］

点评 中南院党委按照“四同步”“四对接”要求，党的组织及工作机构同步设置，以“135”管理模式规范临时党支部工作，全面提升工程项目和境外机构党建工作质量和水平，取得了实实在在的成效。

“2+4+2”机制实现支部管理上台阶

西南院党委

一、实施背景

为进一步加强基层党组织建设，中国电力工程顾问集团西南电力设计院有限公司党委在指导基层党支部建设实践中，创新引入现代企业管理方法，尝试以项目化管理方式统筹推进支部工作，着力抓好前期调研、立项管理、过程执行、支撑保障、评价考核等各环节工作，并配套建立了“2+4+2”工作机制（项目前期抓调研、立项，项目执行抓四项保障，项目评价抓监督考评），有力促进了党支部党建品牌创建工作，整体党建水平再上新台阶。

二、主要做法

（一）项目前期抓调研、立项

深入开展前期调研。以党支部品牌创建工作为例，西南院党委在支部品牌创建工作中，坚持顶层设计，组织开展党支部“三分类、三升级”专项活动，建立“支部班子、队伍管理、载体活动、工作成效”等4方面24项评价标准，逐项对党支部对标评价；组织调研问卷，征求党员、群众对支部工作的意见和建议，通过上下结合、定性定量的方式，全面摸清党支部工作情况，为后续精准定位、分类施策奠定基础。

精准靶向定位。在广泛调研的基础上，根据党支部特色品牌，个性化定制创建目标，做好立项工作。如针对勘测党总支外业项目较多、党员流动分散的情况，以抓好外业现场党员教育培训为主线，突出队伍创建目标；针对印制党支部以印务服务为核心任务，技术工人占比95%的特点，制定了“技术比武”“师带徒”等创建活动目标，提升党员技能服务能力。

西南院党员突击队在工程现场

（二）项目执行抓四项保障

成立领导工作小组，提供组织保障。西南院党委在指导党支部品牌创建过程中，成立党建工作领导小组，明确了党支部创建工作第一责任人，建立了党委委员党建工作联系点制度。党委委员按年轮换“一对一”包指导创建工作，初步形成了党委主要领导亲自指导制定创建方案、督促推进措施，党委委员带头抓落实，深入联系点支部具体指导、督导的工作格局，为推进党支部品牌创建提供了组织保障。

推进标准化建设，提供制度保障。紧跟上级党委新制度，坚持对标对表。2016年至今，制定发布《党支部管理办法》《流动党员管理办法》等10余项制度，编制了《党支部标准化手册》《发展党员手册》等标准化工作手册，逐步推进构建覆盖党支部日常工作范围的制度体系和规范操作程序建设，为确保支部品牌创建实施提供了有力制度保障。

抓好队伍建设，提供人才支撑。以全面提升党支部书记队伍专业能力和综合素质为主线，组织党支部书记专题培训班，根据党支部书记的岗位职责、工作任务，精心策划培训课程，组织党支部书记分组讨论，就党建工作交流经验。2017年以来，西南院党委利用井冈山干部学院、中国能建培训中心平台连续举办“坚定理想信念、不忘红色基因”“铭初心、记使命”等党支部书记集中培训。

西南院举办党支部培训

强阵地建机制，提供物资保障。西南院党委统筹创建了党建活动室，并指导20余个党支部分别设了党建活动园地，确保党支部组织生活及党员学习教育有场所、有资料、有氛围。同时，持续完善党建经费保障机制，编制党费及党务活动费管理办法，将党建活动经费列入财务预算，向党支部划拨党建活动经费，确保党支部创建活动经费充足。

（三）项目评价抓监督考评

加强动态监督，及时纠偏。创建了党建数字化平台，集“党支部组织生活纪实、党员组织关系管理、党费收缴使用管理”于一体，便于动态督导。推行党支部党建工作季度报表机制，每季度定期检查党支部党建工作，及时发现问题、查找原因，对检查情况进行通报，指导党支部按要求限期完成整改，确保党委重要决策部署在基层党支部执行到位、落实彻底。

完善考核激励机制，提升党建成效。紧紧抓住党建责任制落实“牛鼻子”，坚持“考核考党建、述职述党建”，制定党支部党建考核办法，细化量化考核指标，将党支部创建工作考核指标嵌入绩效考核体系，与年终分配紧密挂钩。连续四年将党支部品牌创建情况纳入党支部书记抓党建专项述职内容，坚持党委书记现场提问点评、党员群众无记名打分评议的方式，确保述职质量。注重结果运用，在干部任用、评优表彰中，充分考察党建工作绩效，督促责任落实。

三、成果成效

西南院党委在推动基层党支部品牌创建工作中，创新引入项目化管理方式，以理论结合实践的方式，探索出了在基层党支部建设中落实“两个一以贯之”要求的新途径，推动了坚持党的领导与建设现代企业同频共振，打通了落实党建责任的最后一公里，彰显了具有中国特色国有企业的制度优势。2016年以来，西南院累计新签合同288.93亿元。其中，2021年比上年度合同额增长553%，净利润增长22%，全面完成国有资产保值增值目标；3个党支部被中国能建命名为“示范党支部”荣誉称号；4个人获得国务院国资委党委、四川省委表彰。

［执笔人：周歆睿　西南院党群工作部（工会办公室）主任］

点评 西南院党委运用“2+4+2”项目化管理党建工作机制，形成了前期布局谋划、过程支持推进、后期考核提升的全过程管理，提升了基层党组织党建工作管理的科学性和有效性，为各企业结合实际有特点、有针对性地开展支部标准化建设提供了很好的参考。

严把“四关” 打好党支部换届“组合拳”

山西院党委

一、实施背景

企业党支部是企业全部工作和战斗力的基础，是企业内部各种组织和各项工作的领导核心。党支部定期进行换届选举是组织尊重和保障广大党员民主权利、落实党内民主制度的重要措施，是广大党员政治生活中的一件大事。做好换届工作，有利于加强党的组织建设，增强党组织的战斗力；有利于更好地发扬民主、健全党内民主生活；有利于改进党组织领导班子的工作，密切党员关系；有利于增强党员的组织观念和纪律性。换届工作质量直接关系党支部和所在单位的健康稳定发展。

二、主要做法

中国能源建设集团山西电力勘测设计院有限公司党委在组织各党支部换届选举中，严把“组织、程序、人选、稳定”四道关口，提出了优选好班子、配强好队伍、焕发好状态、形成好风气、健全好机制“五个好”工作目标，推进了换届选举各项工作有序稳妥开展。

（一）严把组织关，党的领导贯穿换届全过程

换届选举中，山西院党委始终把坚持和加强党的全面领导贯穿工作全过程，以“一本手册、一套日程、一份样本”梳理明确换届选举程序步

骤，统一编制《党总支（支部）换届选举工作手册》，制定换届日程安排，规范各类文书样本，帮助各党支部梳理明确各项程序环节、时限要求。山西院党委对任期届满的党支部提前6个月发出通知，提醒做好换届准备。党委就换届工作召开党委会议进行部署研究，对具体工作方案进行把关，从源头上严格程序。在选举前关键节点，开展“党支部换届选举工作主要程序专题培训”，以实景演练形式模拟支部委员会的选举流程，及时解答各党支部在实际操作过程中可能出现的问题。

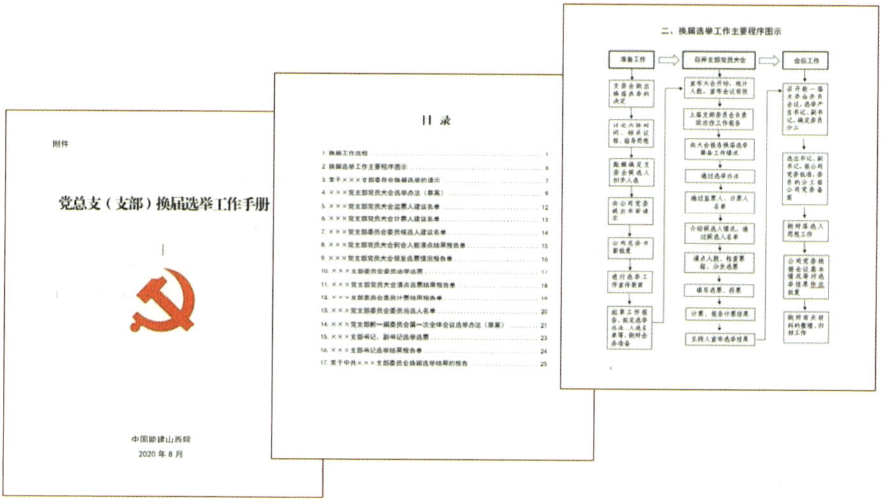
附件

党总支（支部）换届选举工作手册

中国能建山西院

2020年8月

目录

二、换届选举工作主要程序图示

山西院党委编制的《党总支（支部）换届选举工作手册》

（二）严把程序关，纪律保证换届风清气正

山西院各党总支（支部）收到公司党委关于支部换届选举的相关批复以后，陆续召开党员大会，对上一届党总支（支部）工作进行总结，对新一届党总支（支部）工作提出希望和建议，并开展正式选举工作。选举工作中，各党支部（总支）严格按照相关规定，以差额选举、无记名投票方式选举产生新一届支部委员会。各党支部（总支）新一届支委会选举产生以后，分别召开第一次支委会，按照党委批复意见，以等额选举、无记名投票的方式选举产生新一届支部书记，并对支委进行分工，结合山西院生产经营工作实际，做到组织委员、宣传委员、纪检委员、保密委员等应设

尽设。在换届选举现场，山西院党委派出党群、纪检等部门人员组成的督导组，深入现场进行全过程督导。各党总支（支部）按照换届选举工作流程，严格把关选举程序，慎终如始，做到法律法规不变通、政策执行不走样、程序环节不出错。

山西院党委对换届新任职的支部书记开展动员

（三）严把人选关，注重实绩选好实战干部

在换届中，山西院党委严格人选资格审查，实行“前置预审—两委联审—会议研判—提交报告”工作程序，预判各党总支（支部）委员会候选人人选，前置人选资格预审，全面摸清候选人违规违纪情况，统筹考虑“一肩挑”目标落实方案，确保选好“领头雁”，为企业平稳健康发展提供坚强的队伍保障。换届工作围绕“选好发展型干部，配强发展型班子”，突出“以实绩论成效、为发展配干部”的鲜明导向，结合企业生产经营工作和党建工作需要，突出生产一线、项目一线用人导向，大胆起用扎根基层、经验丰富、处理复杂问题能力强的干部。按照重点岗位重点选配的要求，着力选拔信念坚定、为民服务、勤政务实、敢于担当、清正廉洁的党员干部担任党总支（支部）书记。目前，山西院基本实现了党总支（支部）书记“一肩挑”，且党支部书记全部具有生产一线工作经历。

（四）严把稳定关，头雁计划上好任职首课

山西院党委将党总支（支部）集中换届列为重点工作，年初制定了“领头雁”培训计划，并根据上级党组织要求和公司生产经营实际进行动态调整和管理，旨在对党支部书记进行系统培训，着力打造一支思想素质过硬、业务能力突出的支部书记队伍，促进公司一流党建引领一流发展。换届结束后，山西院举行了新一届党支部书记任职培训，公司党委书记作开班动员。山西院党支部书记任职培训按照“干什么、学什么”“缺什么、补什么”的原则，分步骤、分阶段推进，既有党的十九届五中全会精神理论讲座，又有井冈山、遵义等红色教育基地的现场教学；既有党务知识学习测试，又有党建工作经验交流研讨。

山西院党支部书记革命史现场教育

三、成果成效

山西院在党支部换届工作中大力营造良好氛围，严格把好各道关卡，严明各项纪律要求，坚持做好责任、程序、领导、人员“四到位”，程序

规范有序，人员结构合理，选出了党员公认、素质过硬的党支部班子，为推进企业党建促中心工作提供了坚强组织保障。在最新一次换届中，山西院共选举产生20个党总支（支部）委员会，委员101名。20名党总支（支部）书记平均年龄比换届前下降了1.2岁，形成了以35岁至45岁干部为主体的梯次配备。党总支（支部）书记中40岁以下的占50%，45岁以上有经验的骨干占30%。通过组织有力、规范有序的换届选举，山西院党总支（支部）书记的年龄结构更加合理，形成老中青梯次配备，带头人队伍能力水平显著提升。

党支部换届选举工作结束后，各党支部明确新任务、新要求，新一届支部班子聚焦重点工作，积极发挥党支部战斗堡垒作用，带领党员、职工进一步总结工作经验，不断夯实党建基础工作，持续提升党支部工作质量，筑牢党支部战斗堡垒，有力推动了企业生产经营和改革发展各项工作顺利开展。

（执笔人：蔡晓燕　山西院党群工作部副主任科员）

点评　“火车跑得快，全凭车头带”，党支部换届选优配强支委班子对党支部工作至关重要。山西院党委严把“组织、程序、人选、稳定”四个关口，加强对换届工作的领导和指导，做到层层负责任、层层抓落实。真正把靠得住、有能力、作风好的党员充实到支委班子中来，为企业健康稳定发展提供坚强的组织保证。

打造“四强”支部　提升价值创造力

江苏院党委

一、实施背景

党支部是贯彻落实党中央、上级党组织决策部署的“最后一公里”。如何有效提升国有企业党支部价值创造力，对于更好发挥党支部战斗堡垒作用和党员先锋模范作用具有重要理论和实践意义。近年来，中国能源建设集团江苏省电力设计院有限公司党委以政治建设为统领，以习近平新时代中国特色社会主义思想为科学指引，牢固树立一切工作到支部的鲜明导向，着力打造“四强”支部（政治根基强、党员队伍强、组织肌体强、作用发挥强），补齐支部建设短板，确保在实现企业新时代高质量发展中党旗飘在一线、堡垒筑在一线、模范冲在一线。

二、主要做法

（一）锤炼党性修养，在真学真信中强政治根基

江苏院党委始终把政治建设摆在首要位置，在勤修笃行中国共产党人心学中不断锤炼“政治三力”，引领支部党建质效全面提升。

明确内容全面学。切实以习近平新时代中国特色社会主义思想为指导，持续深入学习习近平总书记重要讲话和重要指示批示精神，补足“精神钙”，牢记“国之大者”。衔接学习上级党组织工作部署和企业党委工作安排、现代企业经营管理和专业技术知识技能、国有企业基层党建知识

党委书记、董事长蔡升华讲学习习近平总书记"七一"重要讲话精神专题党课

理论等内容，破解"本领荒"，锻造新时代国企复合型人才队伍。

联系实际深入学。要求支部必须始终坚持"三个立足"（立足全年大党建工作要点、立足岗位职属、立足当前重点工作）、围绕"三个服务"（服务上级党组织决策和公司党委部署、服务公司新时代高质量发展、服务各阶段重点中心工作），在党员青年突击队、主题党日、党员志愿活动、为群众办实事等实践中"接地气学"，避免"形而上学"。

丰富形式立体学。精心打造线上线下"两个课堂"，为党员学习加油充电：一方面，着眼于中心工作特性、党员职工"工学矛盾"等情况，打造了以"苏电设计e支部"网站及其微信公众号为主体的智慧党建"线上课堂"；另一方面，综合运用驻地江苏省红色教育基地、党委党建工作展厅、支部实境课堂等"线下课堂"，开展党员教育培训。

（二）力抓标准规范，在考核评价中强党员队伍

江苏院党委始终秉承"党的一切工作到支部"导向，高标准狠抓支部标准化规范化建设，严要求一体推进支部"述评考"，最大化释放基层支部和党员队伍效能。

江苏院党员在先进事迹报告会上重温入党誓词

规定动作与自选动作“搭配”。在规定动作方面，严格对标党中央、上级党组织有关支部建设最新制度和要求，确保党内组织生活、党员教育管理、支部换届选举等工作“不走样”。在自选动作方面，大力支持支部探索开展“内—内”“内—外”结对共建，在党建工作与中心工作相融互促中“显实效”。

日常监督与年度考核“互补”。一方面，指导支部紧扣实际制定年度、季度工作计划；强化党群工作部门对支部日常工作和重要任务动态监督。另一方面，严把基层党建工作责任制标尺，常态化开展一年两次（年中、年末）的支部党建工作专项检查，考评结果贯通年度评优评先、绩效考核等，促使支部书记扛牢“第一责任人”职责。

述职评议与把脉会诊“共融”。从严落实管党治党主体责任，综合运用书面述职、现场述职等形式开展支部书记抓党建年度述职评议工作。在现场述职过程中，支部书记“晒成绩”“摆问题”“定目标”，参与点评的党委纪委主要负责人、党委纪委下设职能部门负责人集体“会诊”问题，“对症”开方。

（三）注重创新培育，在品牌塑造中强组织肌体

江苏院党委厚植党建“品牌化”理念，并将其作为提升支部组织力的一项重要特色举措，目前已基本形成“一支部一品牌”格局。

重机制，让支部品牌塑造融入行动。确立“党委领导、支部落实、党员参与”工作思路，指导支部紧密结合所在部门（子分公司）职属工作、所属党员队伍人员特点等因素，总结提炼具有高识别度、广泛认可的支部党建工作品牌名称及内涵，设计品牌标识，并在支部学习教育活动中强化品牌运用，让品牌理念在党员群体中入脑入心。

重积累，让支部品牌塑造融入管理。品牌打造是一个长期积累的过程。自2018年开始，江苏院党委先后用三年时间在基层党支部开展基层党建工作“提升年”和“深化年”活动，增强支部的凝聚力和战斗力，鼓励支部开展特色性、创新性活动，鼓励支部提炼个性化品牌，还对党支部品牌建设情况进行专项分析总结，定期和不定期对基层支部进行工作检查，年度对党支部书记抓支部品牌工作进行考核评价，把支部品牌建设当成提升基层党建工作效能的专项工作来抓。

重培育，让支部品牌塑造融入活动。把准支部品牌培育切入点，有效融入党员思想政治教育、“三会一课”、主题党日活动等党组织生活。充分利用支部书记季度例会、“一对一、面对面”交流辅导等丰富多彩的活动形式，选树品牌塑造成效相对较好的支部带头作经验分享，在支部活动中锻造支部品牌。

（四）聚焦中心工作，在党建引领中强作用发挥

江苏院党委始终坚持“贴近生产经营、贴近工作前线、贴近普通党员”原则，着力破解基层支部党建工作与生产经营工作“两张皮”“夹生饭”现象。

贴近生产经营。牢把“四同步”“四对接”，生产经营发展（项目建设）到哪里，党建工作就跟进到哪里。灵活运用党员先锋模范岗、党员责

勘测和电网党支部在750千伏海南–西宁Ⅲ线路工程联合成立党员青年突击队

任区、党员青年突击队等载体，让党员身份“亮”起来、先锋形象“树”起来、示范表率“动”起来。

贴近工作前线。紧密围绕“价值创造力”主题，大力实施“党建+”红色引擎活动，有机融合安全生产、质量管理、科技攻关、市场开拓等工作。紧扣党内系列教育，深入推进“党旗在基层一线高高飘扬”实践。侧重从一线党组织和个人中常态化评选表彰年度“两优一先”等党内荣誉，激发党员队伍干事创业内生动力。

贴近普通党员。严格要求支部做深做细季度党员职工思想动态调查分析、党员过政治生日等工作，通过及时开展谈心谈话、必要的心理疏导、力所能及的帮助等方式为一线党员群体传递党组织关怀与温度。

三、成果成效

近年来，江苏院党委紧扣新时代党的建设总要求，通过持续打造“四强”支部的生动实践，支部党建工作取得系列新成效。总体而言，各党支部班子建设更加坚强有力、组织生活更加严肃高质、党员队伍更加作用彰显、工作载体更加形式多样、场所功能更加务实管用、制度机制更加健全完善，并助力江苏院党委先后荣获中国能建“先进党委”、中电工程“党建示范先进单位”等称号。此外，基于此实践撰写的研究成果获评中国电力规划设计协会党建与企业文化专委2021年度课题“特等奖”。

（执笔人：曾　鹏　江苏院党群工作部党建组织管理专责）

点评 江苏院党委以“价值创造”为导向建设“四强”支部。在“学”字上下功夫，内容形式横向到边纵向到底，倾力打造学习型党组织。在“考”字上写答卷，专业化标准化数字化精细化亦有体现，全过程考述结合提升成绩。在“创”字上出新意，“一支部一品牌”特色鲜明，生动诠释支部业务特点。在“融”字上解难题，围绕中心工作开展“三贴近”，党建成果与企业经营效益齐飞。

PART 2

组织生活篇

篇首语

党的组织生活是党内政治生活的重要内容和载体，是党组织对党员进行教育管理监督的重要形式。一个党组织强不强、有没有战斗力，同有没有严肃认真的组织生活密切相关。加强和规范党内政治生活，最基础的要求是每个党员都必须自觉参加党的组织生活，最有效的载体是贯彻落实好党的组织生活制度。我们党在长期实践中，逐步形成了“三会一课”制度、党员领导干部民主生活会制度、党员组织生活会制度、谈心谈话制度、民主评议党员制度等一系列基本制度。只有坚持好这些基本制度，才能严格党的组织生活，为增强党内政治生活的政治性、时代性、原则性、战略性奠定坚实基础。

中电工程始终坚持党的组织生活各项制度，创新方式方法，增强党的组织生活活力。基层党组织对组织生活高度重视，抓得紧、抓得实，参加组织生活的主动性积极性较高，落实“三会一课”制度的效果总体是好的，但仍存在形式不够新颖，吸引力不强等问题。本篇选取的若干典型案例，反映了近年来基层党支部在组织生活形式和实践上的创新。既有从严格程序入手探讨组织生活会的，又有从党建与业务融合加强“谈心谈话”的，还有从丰富形式载体搞活“主题党日”的，这些案例着力在制度落实、形式创新、丰富内涵、增强实效上下功夫，为基层党组织开展组织生活提供了有益借鉴。

普通党员上讲台，今天党课我来讲

江苏院科能咨询党支部

一、案例背景

为深入贯彻习近平新时代中国特色社会主义思想，充分调动党员干部学习的主动性、自觉性和积极性，真正使党史学习教育入脑入心，中国能源建设集团江苏省电力设计院有限公司科能咨询党支部掀起了学习热潮，创新活动形式，突破常规“三会一课”中党课主要由支委进行授课的方式，组织开展“普通党员上讲台，今天党课我来讲”学习活动，鼓励党员从台下走到台上，从学员转变为讲师，学讲融合，以讲促学。

二、主要做法

（一）会前精心策划，细化选题，突出质量

普通党员讲党课的形式，是党员学习交流方式上的创新尝试。活动开展前党小组精心策划，给党员划定重点学习范围。党员根据划定范围细化选题，注重从身边人和身边事讲起，通过对近期时势和理论热点的结合，认真开展学习并编写课件，以期增强党课的吸引力和感染力。党小组对党员精心准备的课件进行筛选并择优推给支委，支委对内容和形式进一步审核，严格把关，保证党课质量。在内容上，党课强调讲“实”，鼓励把党建工作的重点任务和业务工作融入党课教育中，把讲党课作为启发思想、统一思想、推进工作的重要手段。

（二）会中精心组织，扎实推进，亮点纷呈

支委结合年度工作计划安排，在每期党员大会上邀请普通党员讲党课，分享学习成果。大会地点不局限于公司内部，党支部还积极引导党员走进红色教育基地，进行情境教学，加深认识理解，提升学习效果。在形式上，党课强调讲“活”，倡导将PPT、视频等形式有机结合，让党课学习更加全面、生动、直观。2021年上半年至今，共有五名普通党员在公司和红色教育基地讲授党课，党课主题涵盖《绿色发展，共创美好生活》《深入学习十九届五中全会精神——国家安全发展》《回顾百年辉煌党史》《和平年代党史——党的十一届三中全会》《践行党的初心使命，从党史学习中汲取奋斗力量》等。授课党员精心准备、把握重点、领悟精髓、分享体会，使党课更加别开生面，精彩纷呈。

普通党员（高银霞同志）上党课

普通党员（徐海同志）上党课

（三）会后进行总结，落实成效，突破创新

会后对党课学习内容加以总结，持续提出改进方向，促进大家共同成长。随着“普通党员上讲台，今天党课我来讲”活动的不断推进，让科能咨询党支部更加深刻地认识到，一堂党课的质量不仅要看其能否理论联系实际、重点突出、生动鲜活，还要富有说服力和感染力，引发共鸣。他们总结已有五期党课活动，有以下四个特点：一是主题明确，紧紧围绕“学”“做”“改”三个重点环节设计主题，做到有的放矢。二是内容丰富，围绕主题搜集掌握大量权威的、新鲜的信息资料，通过相关事例和翔实数据的引用，把要阐明的问题论述清楚。三是参与度广，以普通党员为主导，注重对身边人身边事的挖掘，注重贴近工作实际，使党课教育生动直观，富有吸引力和感染力。四是方法灵活，将政治性、思想性和知识性有机融为一体，通过讲理论、谈认识、交任务、提要求，寓理论宣讲于现实工作，寓思想教育于鲜活案例，做到深入浅出、通俗易懂。

在深入总结的基础上，科能咨询党支部不断推动“普通党员上讲台，今天党课我来讲”活动组织的改进和学习效果的提升。继续丰富党课学习形式和内容，把讲党课与开展专题学习研讨、举办读书交流会、开展知识测试等活动有机结合起来，进一步激发学习能动性。不断尝试运用新方法，在新媒体时代多采用微视频、微党课等创新党课教育方式，充分发挥微视频和微党课“短、小、精、悍”特点和传播多样性，加强党员自主学习，有力增强学习效果。

三、实践成效

“普通党员上讲台，今天党课我来讲”活动由“要我学”转变为“我要学”，由“我听讲”转变为“听我讲”，使每位党员化被动为主动，化惰性为积极，真正做到主动学、深入学，切实将学习的理论知识武装头脑、指导实践、推动工作。尤其主讲人结合最新时事热点及身边人身边

事，切实做到理论与实践紧密结合。通过全员参与互动，搭建展示党员风采、增强支部活力的平台，真正达到教育党员、凝聚党员的目的。

科能咨询党支部将严格按照中电工程党委和江苏院党委的部署要求，将该创新学习方式继续实践下去，推动"基础在学"的要求落到实处，推动党的思想政治建设抓在日常、严在经常上持续发力、久久为功，努力把基层党支部打造成党员学习教育的课堂、践行合格标准的平台和立足岗位作贡献的战斗堡垒，为支部高质量建设奠定坚实基础。

（执笔人：钱君霞　江苏院科能咨询党支部组织委员
周豪奇　江苏院科能咨询党支部党员）

点评 江苏院科能咨询党支部创新党课活动形式，组织开展"普通党员上讲台，今天党课我来讲"学习活动。该党课针对党员思想和工作实际，回应员工普遍关心的问题，注重身边人讲身边事，注重与生产经营活动相融合，大大增强了党课的吸引力感染力，使党员学习主动性和活动参与广泛性得到充分发挥，让党员真正做到深入学，以点带面，取得了良好效果。

“三到位”高质量开好组织生活会

安徽院管理第一党支部

一、案例背景

组织生活会是党内组织生活的重要内容，是保持基层党组织机体健康及党员先进性的重要手段。近年来，中国能源建设集团安徽省电力设计院有限公司管理第一党支部落实“三到位”要求，推动组织生活会开出高质量、开出好成效。

安徽院管理第一党支部涵盖办公室、人资、财务、纪检、法律、党群等6个职能部门，对公司生产经营工作有着重要的支撑作用。支部现有党员31名，党员占所属部门职工总人数的81.5%。近年来，管理第一党支部在上级党委的领导下，以“一流党建”为指引，积极开展标准化建设，严格按照组织程序，着力抓好会前、会中及会后“三环节”，切实做到学习准备、批评与自我批评及整改落实“三到位”，规范召开组织生活会，把组织生活会开得“有声有色”“辣味十足”，推动了党支部“智慧管理服务先锋”特色品牌打造，服务支撑了企业高质量发展。

二、主要做法

（一）聚焦主题，学习准备到位

深入学习，为开好组织生活会打牢基础。支部在每次组织生活会前，会提前收集相关文件及学习材料，开展集中学习研讨，并“聚焦”主题，学深悟透精神实质，为支部及党员查找问题、剖析根源、提出改进措施提供思想武器。在党史学习教育专题组织生活会前的7月份主题党日，支部结合组织生活会要求，专题学习了习近平总书记在庆祝中国共产党成立100周年大会上的重要讲话和党史学习教育相关重要会议精神，为开好专题组织生活会提前预热。

谈心谈话，为开好组织生活会提供思想保障，是高质量开好组织生活会的重要环节。为深层次了解党员所思所想所盼，做到有的放矢，支部要求所在部门负责人（均为党员）要逐一与部门党员进行交心谈心，鼓励引导党员打消顾虑，说真话，真批评，诉真情，征求对支部的意见和建议，对部门管理和服务能力建言献策。在此基础上，支部书记、支委成员对工作、生活中遇到暂时困难的党员进行重点谈心，以消除其思想包袱、解开思想疙瘩，以更高的热情投入工作学习生活中。

（二）严肃规范，批评与自我批评到位

支委会预热。批评和自我批评是党的优良作风，也是高质量开好组织生活会的法宝。组织生活会开得质量高不高，关键就在于支部班子成员能否带头示范，能否勇于解剖自己，是否善于解剖自己。为此在每次组织生

安徽院管理第一党支部召开“不忘初心、牢记使命”专题组织生活会

活会召开前，支部都会召开支委会，要求支委逐一述职，以不怕“辣味十足”、就怕“辣味不够”的态度开展批评与自我批评，切实在支委班子内部率先做到红脸出汗，达到“团结—批评—团结”的目的，为组织生活会做了提前预热。

领导班子示范。在组织生活会上，组织关系在支部的公司领导班子成员、支部书记及支委率先垂范，联系思想、工作、学习等实际经历，逐一深刻剖析自身存在问题，带头开展自我批评，并诚恳听取其他党员对支部及个人的批评意见。

党员认真开展。所有党员做完自我批评后，支部书记按照“一人谈、众人帮”方式，发动其他党员对该党员进行“画像”，客观全面地指出该党员的优缺点。与会党员都能以对组织、对同志认真负责的态度，踊跃发言，一针见血地提出批评意见及建议。组织生活会达到了统一思想、增强团结的目的。

（三）真抓实干，整改落实到位

立行立改，抓好落实。整改落实是召开组织生活会的落脚点。支部对征集到的意见建议进行分类梳理，明确整改时限。对能够马上进行整改的

安徽院管理第一党支部赴安徽岳西鹞乐坪开展主题党日活动

问题，党支部立即指定专人进行整改，并检验整改成效。如在党史学习教育专题组织生活会上，有党员提出学习形式单一，没结合安徽这片红色故土的特色特点。会后支部书记就召开支委扩大会进行研究整改，提出开展“江淮大地上的红色记忆”系列微党课活动，各部门分别以党史中安徽精神、红色足迹、重大事件等为主题在支部党员会议上进行讲授，丰富了党史学习教育形式，取得了较好效果。

融入品牌，持续整改提升。对暂时不能整改或需持续整改的问题，党支部将其融入品牌创建中，形成整改的长效机制。党支部则在支部品牌创建中，强化验证验收，确保组织生活会中提出的问题落实整改并整改到位。通过持续整改，管理第一支部“智慧管理 服务先锋”的特色品牌进一步擦亮，形成了从资源层、能力层和职能层三个层面出发，以服务生产经营、上级部署、全体职工、支部党员“四服务”为工作方向，覆盖支部—部门—党员三级服务网络的“服务直通车”。

三、实践成效

安徽院管理第一党支部通过规范召开支部组织生活会，对支部工作和支部党员一段时期中的思想、工作、学习等各方面情况进行“回头看”，查找支部工作短板，持续整改，保证了支部“肌体”健康，推动了支部战斗堡垒作用的显著增强。高质量的组织生活会，让每名党员干部提高了自身的思想觉悟和政治站位，明确了自身缺点和改进思路，促进了自身的不断提升。近些年来，该支部在安徽院党建考核中均名列前茅，并荣获2020—2021年度先锋党支部，支部所在部门先后获得先进集体、文明部门等荣誉称号，支部多名党员荣获年度“优秀共产党员”“优秀党员标兵”等荣誉。

（执笔人：黄兴怀　安徽院管理第一党支部书记、党群工作部主任）

点评 组织生活会是党内组织生活的重要内容，是严肃党内政治生活、筑牢支部战斗堡垒的重要载体。安徽院管理第一党支部严格按照组织生活会程序，着力抓好会前、会中及会后“三环节”，围绕“学习准备到位”“批评与自我批评到位”“整改落实到位”三到位高质量开好组织生活会，确保了组织生活会取得实效。

“三味”主题党日　激发支部活力

浙江院职能部室党支部

一、案例背景

主题党日活动是加强党支部建设的重要组成部分，也是激发党支部活力的一项基础性工作，是新时代提高党员党性修养、强化党员理想信念、提升组织生活制度化水平、增强基层党组织战斗力的重要途径和手段。

在支部工作中，主题党日活动往往存在活动形式单一、内容不够丰富、效果有待提升的问题。针对以上问题，近年来，中国能源建设集团浙江省电力设计院有限公司职能部室党支部将创新主题党日活动方式方法作为支部党建上水平上台阶的突破口，力争改变单一的“闭门会议”模式，形成敞开门“过党日”的良好氛围，通过微党课、主题活动、红色教育、志愿服务等活动载体，不断提升主题党日活动效果。

二、主要做法

（一）突出政治学习，让主题党日活动更有“党味”

通过精心组织实现主题党日政治功能、学习教育功能完美结合。党员教育是党日活动的重要内容，党课是党员学习的重要方式。支部在抓好常规学习的同时，以集中学习和党课为抓手，提升主题党日政治学习的效率与效果。在时间安排上，支委会在每次集中学习前都会研究会议议程，尽量将集中学习时间控制在2个小时以内，确保学习务实高效。在学习形式上，党支部请来院领导讲党课，落实“支部书记讲党课”，还组织了以普通党员为主角的“我来讲党课”。在学习内容上，党支部精心编排，主题涵盖党的十九大精神学习、支部工作条例贯彻等，重点突出，针对性强。

比如在党史学习教育中，支部开展了“人人学党史，人人讲党史”活动，并举办党史故事会，用红色故事凝聚党员的红色信仰。先后有5位党员在主题党日现场为全体党员讲述了自己精心挑选的红色故事，还有多名党员在线上用录音作品进行展示。这些活动接地气，有深度，使党员更好地体会到了党史背后的正气与力量。再如，党支部在杭州良渚古城遗址公园党建小院举办了主题党日活动，使党员现场感悟中国五千年文明的厚重历史和中华民族伟大复兴的伟大进程，畅谈初心使命。活动收到了很好的效果。

浙江院职能部室党支部党员赴良渚古城遗址开展主题党日活动

（二）走出传统思维藩篱，让主题党日活动更具“鲜味”

在主题党日活动中，职能部室党支部努力增强活动的仪式感，提升党员的自豪感和凝聚力。2020年11月，支部举办主题党日活动，为10月至12月入党的党员过了政治生日。支委和党小组长为相关党员颁发政治生日贺卡，并向他们致以真诚的祝福。贺卡上的“生日寄语”承载着组织对每位党员的殷切期盼，提醒大家传承红色精神、践行初心使命、凝聚奋进力量。活动现场，党员代表围绕入党经历、工作经历、生活经历，进行深入自我剖析，回顾入党初心，抒发对党的感恩之心和忠诚之心，并向党组织作出郑重承诺。活动结束前，党支部书记带领大家重温入党誓词，全体党员同志一起高举右手，面对党旗庄严宣誓。铿锵有力的誓词一字一句，神圣而豪迈，震撼着在场的每一位党员，激发了全体党员的自豪感和信念感。

浙江院职能部室党支部开展主题党日活动为党员过政治生日

2021年7月，支部组织了庆祝中国共产党成立100周年主题党日活动。在优美的音乐声中，四名党员用自己创作的诗歌《红旗飘飘》诉说了对党的深情。两名党员演唱了歌曲《党啊，亲爱的母亲》。支部两名党龄最长的党员回忆了入党的历程，献上了对党的诚挚的祝福。两名入党积极分子谈了对党的认识体会，表达了加入中国共产党的强烈愿望。随后，党支部书记就习近平总书记“七一”重要讲话精神进行了领学。活动结束后，党员纷纷表示，用这种方式为党庆生，庄严而温情，生动又深刻。

（三）打破固有形式羁绊，让主题党日活动更加“对味”

浙江是中国改革开放的先行地，也是习近平新时代中国特色社会主义思想的重要萌发地和实践地。结合当地丰富的红色教育资源，职能部室党支部不断丰富主题党日活动的自选动作，开展了形式新颖、党员喜闻乐见的系列活动，使主题党日活动走出户内，走入社区，走进社会。

2021年，支部策划了“沿着习近平总书记足迹党日活动”，组织支部党员赴习近平总书记结对社区、结对村及重要纪念地现场参观学习。2021年3月，支部组织全体党员赴习近平总书记在浙江任职期间的联系点翠苑街道翠苑一区社区参观，更深刻地学习领会习近平总书记治国理政新理念。2021年6月，党支部组织开展“智慧5G走进杭州移动”主题党日活动，学习习近平总书记考察杭州城市大脑运营指挥中心时的指示批示精神，让支部党员现场了解、体验中国最前沿的5G技术，激发大家推动企业数字化转型的主动性和积极性。

这些会议室外的主题党日活动注重现场体验，直观生动、特色鲜明，让支部党员参与的积极性大大提高。此外，党支部还不断创新活动组织形式，让主题党日更加方便参与、更加高效有序。比如，支部开发了微信报名小程序，党员在线报名，十分便捷。

三、实践成效

两年来，浙江院职能部室党支部通过创新党内组织生活形式、丰富活

浙江院职能部室党支部党员参加浙江院企业文化展演活动

动载体，让主题党日活动有深度、有力度、有温度，真正解决了党日活动形式单一、内容单调、不接地气的问题，使支部党建工作更加生动活泼、特色鲜明、富有实效。“敞开门办党日”让主题党日成为最受党员欢迎的组织活动之一，支部党建工作也跃上了一个新台阶。浙江院职能部室党支部2020年7月被浙江院党委授予年度先进党支部称号，2020年8月被中国能建党委授予第二批示范党支部称号。

［执笔人：丁　宏　浙江院总法律顾问、办公室（党委办公室）主任、职能部室党支部书记］

点评 开展好主题党日活动，是高质量过好党内政治生活、提升组织凝聚力、促使党员发挥先锋模范作用的重要渠道。浙江院职能部室党支部不断丰富党日活动的形式和内容，通过微党课、主题活动、红色教育、志愿服务等活动载体，提升主题党日活动效果，让主题党日活动更有“党味”、更具“鲜味”、更加“对味”，为党支部创新主题党日活动形式提供了很好的借鉴。

谈心谈话聚人心　推动工作解疑惑

湖南院科鑫公司党总支

一、案例背景

2021年上半年，受内外部多种因素影响，中国能源建设集团湖南省电力设计院有限公司科鑫公司生产、经营指标完成情况未达到年初预期。经营市场形势紧张，工程总承包项目管理能力亟须提升，新能源设计技术亟待掌握。面对诸多困难和挑战，很多党员同志出现了困惑和迷茫。针对上述情况，湖南院科鑫公司党总支及所属四个支部组织开展了广泛深入的谈心谈话工作，有针对性地做好党员思想政治工作，为推动科鑫公司各项事业发展提供坚强的思想政治保证。

二、主要做法

科鑫公司党总支始终坚持“五必谈”原则开展谈心谈话，对支部委员及班组长、交流提拔员工等开展定期、例行谈话，在重点项目开工、重要工作关键节点、新员工转正续聘等工作环节做到有情况有需要及时谈。谈话内容包含学习体会、思想收获、工作业绩、纪律作风等方面。谈话形式也灵活多样，既有传统面谈，也采取电话沟通、视频连线等形式，既有一对一谈话，也有新员工、青年员工集体座谈。通过谈心谈话，党支部进一步掌握了干部员工思想状况并帮助其舒缓情绪、改进不足、取得进步，纾解了工作矛盾，推动了中心工作顺利开展。

（一）"谈"党建工作

总支书记定期与所属四个支部的书记开展党建工作谈话，讨论交流"第一议题"学习、公司党委部署落实、支部党建等工作，推动党建工作责任制落到实处。结合党风廉政建设和警示教育活动，开展干部党员常规约谈，要求每位党员对照违规违纪违法典型案例，查找廉洁风险点、违规薄弱点、管理关键点，提升遵纪守法意识，增强拒腐防变能力，时刻做到心中有规、行中守规。

（二）"谈"经营工作

新疆市场是科鑫公司两大一级市场之一。在国家"双高双控"大政策影响下，许多项目因拿不到碳排放指标无法落地，传统输变电项目投资计划缩减，同时公司光伏、风电项目设计刚刚起步，技术实力有限，众多因素影响导致新疆市场低迷，新疆市场负责人面临很大的工作压力。得知这一情况后，湖南院科鑫公司党总支书记多次同新疆市场负责人交流探讨，

湖南院科鑫公司党总支书记彭松枭在新疆办事处同贾瑞杰就新疆市场发展开展谈话

共同学习习近平总书记关于绿色低碳发展的重要论述，鼓励新疆市场负责人抢抓机遇，围绕“碳达峰、碳中和”目标提供一揽子解决方案，加大新能源、新基建、新产业等业务开发力度，加快建立在这些业务领域的工程全过程体系，取得市场突破。这次谈心谈话，不仅有效化解了新疆市场负责人的心理压力，还共同商议出了解决生产经营难题的办法，为后续工作的顺利开展创造了良好的条件。

（三）“谈”生产任务

科鑫公司变电处专业多，设计流程复杂、周期长，产值目标不断加码，人员却未有增加；光伏发电设计技术尚未完全掌握，无法承接该类型项目，生产能力无法适应企业发展需要。党总支书记及时找变电处所在的第四党支部书记谈心谈话，建议成立新能源专业室，通过内部培养和外部招聘两种方式加强队伍建设，帮助队伍尽快学习掌握光伏发电设计技术，同时通过设立工作组等方式加强生产组织、提高工作效率。谈心谈话说想法、给建议，打开了变电处的工作思路。第四党支部书记在谈话结束时表示，将在接下来的工作中调整好心态，甩开包袱，及时采取相应措施，努力完成全年任务，积极为未来的生产做好储备。

（四）“谈”部门管理

第三党支部所在的线路处，近两年因一些骨干员工流失，生产压力增大，质量管控形势严峻，又因线路工程外部设计环境复杂，前期投入大，与产值成反比，让第三党支部书记、线路处负责人很是头疼。党总支青年委员同时也是分管线路处的公司负责人，与第三党支部书记进行了深入的谈话交流，给线路处工作指方向、出主意，建议线路处党员同志充分发挥模范带头作用，抓牢质量这条设计生命线，冲刺完成全年生产目标。谈话后，第三党支部党员积极行动起来，带领职工群众把质量工作放在首位，开拓新的设计市场及领域，加大新人培养力度，不断提升管理水平，推动了新项目顺利开展。

（五）“谈”思想动态

配网处有一位入党不久的老员工，长期出差在外，又承担了未曾从事过的项目管理工作，困难不少，压力不小。分管配网的党总支委员、公司负责人多次同该党员谈心，在督促他加强思想政治学习的同时，关心询问其工作困扰和家中困难，安排支部党员协助其处理家庭事务，建议该党员多多交流，常常总结，快速提升项目管理能力。谈心谈话帮助该党员解决了工作、生活中的实际问题，推动了项目安全、进度、利润等目标的顺利实现。

变电处一名刚刚毕业的年轻党员同志，初入职场就面对众多工程项目，一时手忙脚乱、难以适应。分管变电处党总支委员是一名有着二十年党龄的“老同志”，他以自己多年的工作经验，跟年轻同志谈工作、提希望，勉励年轻同志尽快调整适应工作节奏，抓住新人的关键学习期，主动向老专家、同事学习。在老同志的帮助下，这位年轻同志很快稳住了心态，理顺了工作，快速成长为公司骨干。

三、实践成效

谈心谈话中，党总支班子成员充分发挥了自身的带头作用、骨干作用和桥梁作用，带动和帮助了党员干部，也激励了周围的职工群众。被谈话的党员解决了内心的困惑，放下了思想包袱，厘清了工作思路，认清了公司当前的发展形势，了解了生产经营工作的重点、难点，统一了思想认识，提高了工作斗志，增强了前进信心。谈心谈话凝心聚力，推动了各项工作措施的有效落实。2021年，科鑫公司顺利完成了年度各项生产经营任务，合同签约、营业收入、利润等主要生产经营指标均实现逆势增长，获评湖南院2020年度三等功勋单位、2021年度先进单位和最佳超额利润奖。科鑫公司党总支也先后获评湖南院2021年示范党组织、中电工程2019—

2020年度先进基层党组织等荣誉称号。

（执笔人：王琰皎　湖南院科鑫党总支宣传委员）

点评 湖南院科鑫公司党总支积极开展党员谈心谈话，谈话内容涵盖党建工作、经营工作、生产任务、部门管理、思想动态等多个方面，谈话方式包括传统面谈、电话沟通、视频连线等多种形式，谈话时间做到了有情况、有需要及时谈，切实把思想谈通、工作谈透、心气谈顺，起到了凝聚人心、助推发展的良好效果。

“三个融合”推动主题党日活动取得实效

辽宁院第三综合党支部

一、案例背景

主题党日活动是新时代提高基层党支部凝聚力和战斗力、保持党员先进性的重要载体。近年来，中国能源建设集团辽宁电力勘测设计院有限公司第三综合党支部主动适应新形势、新变化，坚持“三个融合”，创新开展主题党日活动，推动活动取得成效。

二、主要做法

辽宁院第三综合党支部由信息档案部、财务部、纪检部、安质环部、工程造价分公司、出版印制分公司等六部门22名党员组成。针对组成部门多、人员分散、年轻党员比例高等特点，该支部在组织开展主题党日活动时坚持做到：

（一）与思想政治建设相融合

通过主题党日活动提升政治素养。第三综合党支部在规范开展“三会一课”的同时，积极围绕“不忘初心、牢记使命”主题教育、新中国成立70周年、建党100周年等专题开展主题党日活动。在党史学习教育中，该党支部组织开展了“党史百年我来读”主题党日活动，支部党员在认真学习《中国共产党简史》等必读读本的基础上，与其他党员分享一篇党

辽宁院第三综合党支部参加党史党建知识竞赛

史故事，并将诵读音频上传至企业微信公众号。在诵读中，党员深化了对党光辉历程的理解，坚定了实现中华民族伟大复兴的理想信念。在随后举办的辽宁院庆祝建党100周年党建知识答题活动上，该支部获得了第一名的优异成绩。

通过主题党日活动增强党性修养。主题党日必不可少的党内政治生活，是每个党员的必修课，要强化党员干部的党员意识，提升党员的党性修养。在实践中，第三综合党支部先后组织党员到辽宁省庆祝中华人民共和国成立70周年成就展、抗美援朝纪念馆、辽沈战役纪念馆参观学习，在“学雷锋”纪念日收看电影《雷锋》，举办“重走长征路”等体验活动，以崇高信念净化思想，以革命精神洗涤灵魂，以先进事迹激发干劲，让党员接受了思想的洗礼。

辽宁院第三综合党支部组织党员参观抗美援朝、辽沈战役爱国主义纪念展

（二）与企业生产经营相融合

支部党员开展课题研究

党建融合生产经营，解决工作难题。工程造价分公司党员针对《“十四五”辽宁省新能源发展研究课题》及“3060”碳达峰、碳中和目标宏观背景下新能源行业未来发展趋势，带头开展了风电、集中式光伏、屋面光伏项目造价构成和收益测算三个课题的攻关研究。党支部组织了相关主题党日活动，让支部党员、团队骨干作专题讲座，共同学习贯彻党中央关于“碳达峰、碳中和”的重大战略决策，讲解新理论、新知识，研讨新能源收益测算等实际问题，激发了全体员工落实党中央部署、推动现代能源体系建设的工作热情。在这种良好氛围下，支部党员带领研究组成员克服时间紧、任务重、政府要求高、参考资料少等困难，攻坚克难，全面、优质完成了研究课题，为辽宁省“十四五”新能源发展提供了有力的技术支持。

党建激发队伍活力，发挥先锋模范作用。面对繁重的生产经营压力，第三综合党支部开展主题党日活动，宣誓成立多个“党员突击队”，号召党员在企业发展转型中挑大梁、当先锋。在党员突击队的带动下，财务部开展了“四个专项整治工作”，认真排查管理风险，分项形成专项报告，及时整改、不断提升，保障了企业的健康发展；信息档案部党员想工程之所想，利用节假日加快整理总承包现场档案，为工程建设提供了档案管理支撑。

（三）与履行社会责任相融合

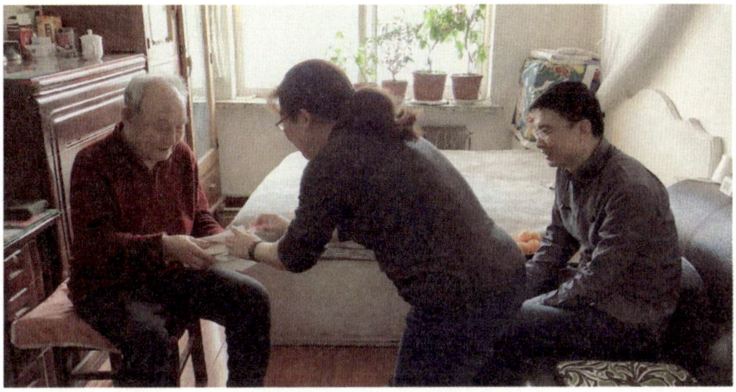
志愿者看望失独老人

在大战大考中体现党员成色。新冠肺炎疫情肆虐初期，第三综合党支部组织开展了抗击疫情主题党日活动。支部党员在指导、带动员工严格遵守防疫政策、做好科学防护、保持身心健康的同时，积极服务社会。组织党员服务社区公益，维持防控秩序、整治环境卫生；组织有心理咨询师资格的党员通过网络平台，义务为确诊病人及其家属做心理疏导；组织全体党员自愿向灾区捐款、为兄弟单位捐赠防疫物资、为受困民众加油鼓劲。特殊时期，支部党员通过主题党日这一载体，用自身行动诠释了共产党员这一光荣称号。

常态化献爱心践行党员初心。2020年冬季，第三综合党支部开展了“冬日暖阳”爱心捐赠主题党日活动，向贵州省贵阳市花溪区燕楼镇的贫困家庭捐赠防寒衣物。大家踊跃捐赠、精心安排，使这批衣物在最短的时间内运送、发放到位，让贫困村民在入冬之前就感受到了千里外的温暖。支部还定期开展主题党日，走访慰问沈阳市劳动模范、失独老人李胜田，关心关爱老人生活。通过这些献爱心主题党日活动，党员们在党旗下凝聚爱的力量，感受着、传递着组织的温暖真情。

三、实践成效

让党员真正参与主题党日活动，参与积极性提高。“三个融合”不但有效解决了党员在主题党日活动中“听多、看多、思考少、参与少”的问题，更解决了参与积极性不高的问题，为广大党员学习锻炼成长搭建了良好平台。

让党员走出“企业”，真正做到知行合一。“三个融合”让党员深入群众中，进一步树立“学党史、践行动、我为群众办实事”的思想觉悟，让党员亲身参与为群众办好事、办实事，从而增强党员的使命和担当。

让党员归属感得到强化，学习效果增强。“三个融合”改变了原来单向灌输、单一说教、被动接受的主题党日活动模式，具有“时间短”“效率高”“成效足”等特色，使党员对党组织的归属感得到强化，党建工作也得到了有效促进。

让党员感受到重视，增加支部凝聚力。“三个融合”促进了上下级之间、普通党员之间的相互沟通和相互了解，形成了相互尊重、互相帮助、取长补短、共同进步的人际关系，营造了认识上合心、决策上合谋、工作上合力、行动上合拍的良好氛围，既活跃了基层党建工作，又增强了支部工作的创新力。

（执笔人：杨　飏　辽宁院第三综合党支部书记）

点评 辽宁院第三综合党支部在开展主题党日活动中注重做到与思想政治建设相融合、与企业生产经营相融合、与履行社会责任相融合“三个融合”。让党员真正参与主题党日活动，提高其参与积极性；让党员走出“企业”，真正做到知行合一；让党员归属感得到强化，学习效果增强；让党员感受到被重视，增加支部凝聚力。

让党史学习主题党日“活”起来

新疆院规划造价网信党支部

一、案例背景

党的历史是最生动、最具有说服力的教科书。学习党史并从中砥砺初心使命、汲取精神力量，是一门必修课，这门功课不仅必修，而且必须修好。在繁重的生产经营压力下，如何营造浓厚的学习氛围，让党员静下心来仔细学习党史，在有限的时间内提升学习效果，是企业党支部需要认真完成的任务。

中国能源建设集团新疆电力设计院有限公司规划造价网信党支部认真

新疆院规划造价网信党支部赴新疆图书馆开展党史学习

思考、积极探索，形成了“预先学习+现场参观+集体讨论”的党史学习主题党日活动模式。

二、主要做法

为庆祝中国共产党成立100周年，新疆图书馆在2021年举办了“阅百年历程　传精神力量”主题展。新疆院规划造价网信党支部在了解到展览信息后精心策划，组织全体党员、入党积极分子和部分群众，赴新疆图书馆开展党史学习教育主题党日活动。

（一）预先学习，打牢基础

主题党日活动前，党支部制订了学习方案，要求党员围绕《论中国共产党历史》《习近平新时代中国特色社会主义思想学习问答》《中国共产党简史》等党史学习教育必读书目开展自学，通过系统学习掌握中国共产党百年光辉历程的发展脉络。结合展览有关安排，党支部组织党员深入学习领会习近平总书记关于中国共产党精神谱系的重要论述，学习“延安精神”“西柏坡精神”“胡杨精神”等伟大精神的核心要义和精神内涵，引导党员发扬红色传统、传承红色基因，从精神血脉中深化对党史的理解。组织党员参与新疆图书馆线上云阅读、党史学习“初心馆”平台，进一步激发了支部党员加强党史学习、参加主题党日活动的浓厚兴趣。

（二）现场参观，感受历史

2021年8月19日，规划造价网信党支部赴新疆图书馆，正式开展了主题党日活动。展览分为“光辉历程”红色文献展、中国共产党一大到十九大专题展览、“中国精神”展览、“中国英雄”展览、“马克思主义”在中国展览五项内容，展览集中展现了百年党史中的重大事件、重要会议、重要人物和重要精神，讲述了中国共产党在重要关头的历史性抉择、激励初心的伟大精神和可歌可泣的英雄故事。

新疆院规划造价网信党支部开展读书活动

全体党员同志“听讲解、看照片、赏信物”，细心聆听讲解员讲述每一幅图片、每一件信物背后耐人寻味的故事，驻足观看每一张图片感人至深的一面。大家的思想跟随着讲解穿越在百年历史长河中，全体党员加深了对党史、新中国史、改革开放史、社会主义发展史的理解和认识，接受了一次深刻的党性教育和精神洗礼。

参观结束前，在党支部书记的带领下，全体党员在图书馆五楼马克思

全体党员重温入党誓词，开展入党宣誓活动

主义学习园地，面对庄严的党徽党旗，重温入党誓词，回顾入党初心。

（三）交流讨论，巩固效果

在随后举行的交流讨论环节，支部党员围坐在会议桌前，对《中国共产党简史》等书籍的学习情况进行了交流探讨，发表了现场参观的感受和收获。党员表示，要用党的奋斗历程和伟大成就鼓舞斗志、明确方向，用党的光荣传统和优良作风坚定信念、凝聚力量，用党的实践创造和历史经验启迪智慧、砥砺品格，把革命精神内化于心、外化于行，转化为干事创业、勇担使命的强大精神动力。

为做到学史明理、学史增信、学史崇德、学史力行，支部党员围绕如何学党史、悟思想、办实事、开新局，贯彻落实上级党委部署、推动中心工作进行了热烈讨论。支部党员所在的三个部门相互分享了学习和工作经验。每位党员结合学习感悟，对工作能力、工作业绩、先锋模范作用发挥情况、服务身边群众等情况进行了剖析，找出了差距以及努力方向。

交流讨论进一步统一了思想、提高了认识，推动支部党员将党史学习成果转化为破解发展难题、服务职工群众的具体行动。

三、实践成效

新疆院规划造价网信党支部在党史学习主题党日活动实践中，形成了“预先学习+现场参观+交流讨论”的组织模式，进一步增强了党史学习主题党日活动的吸引力和感染力，有效激发了支部党员群众干事创业热情，促进了年度工作目标任务的落实。2021年度支部所在业务部门完成签约额同比增长约60%，并拓展了智慧能源信息化服务等新领域和新业务。规划造价网信党支部连续两个年度获得新疆院“先进基层党组织”称号。

（执笔人：刘新刚　新疆院规划造价网信党支部书记）

点评 支部主题党日是落实“三会一课”制度、加强党员教育管理、促进党员发挥先锋模范作用的有效载体。新疆院规划造价网信党支部在党史学习主题党日活动中，总结形成的“预先学习+现场参观+交流讨论”模式，规范了组织管理，强化了学习实效，激发了学习热情，对其他企业组织相关主题党日活动提供了有益参考。

严把选举关　建强好班子

东北院咨询公司党总支

一、案例背景

为增强企业竞争力、创新力及影响力，中国电力工程顾问集团东北电力设计院有限公司对组织结构进行了较大范围的调整。原勘测分公司、环工分公司并入咨询公司，形成了一个专业配置齐全的子公司。同时，东北院党委重新调整了咨询公司党组织结构，由原来的党支部调整为1个党总支下设5个党支部。新组建的咨询公司承担着推进各业务板块融合增效、凝聚发展合力的责任。为此，咨询公司党总支坚持党建引领，抓好干部队伍建设，锻造坚强战斗堡垒，提升凝聚力和战斗力，推动业务融合发展。

二、主要做法

（一）充分酝酿准备，做好筹备动员

咨询公司改组后，在东北院党委的指导下成立了咨询公司党总支选举工作筹备组。组长由咨询公司总经理担任，组员由组织结构调整前各公司党支部书记担任。

筹备组本着有利于加强基层党建、融合生产经营的原则，向公司党委请示确定了党总支委员会名额、构成原则、候选人要求及下辖支部设置。组织全体党员召开了咨询公司党总支成立选举动员大会，传达了东北院党

委关于新成立党组织选举工作的安排和要求，集中学习了《中国共产党基层组织选举工作条例》，动员大家珍惜权利，积极参与选举工作。

候选人预备人选的确定，经过了“自下而上，上下结合，反复酝酿，广泛征求党员意见”的过程。首先由筹备组各位书记牵头进行了分组讨论，各组按照德才兼备和班子结构合理的原则充分酝酿，分别提名了党总支委员候选人。随后筹备组召开会议根据各组推荐情况进行了汇总讨论，确定了党总支委员、书记、副书记候选人预备人选，通过公示、内部邮箱等多种途径征求了全体党员意见。征求意见完成后，筹备组向东北院党委上报了召开党员大会和候选人预备人选的请示。

选举工作筹备组严肃流程，发挥民主，保证了选举准备工作的规范性和候选人的代表性。一方面通过选举工作，动员和教育了党员，使党员同志充分认识选举权的重要意义；另一方面通过充分酝酿，切实发扬了民主，凝聚了集体智慧，为选举后续环节工作稳妥有序进行奠定了良好基础。

（二）保障党员权利，严格程序要求

咨询公司生产任务较为饱满，部分党员奋战在项目生产经营一线，加之新冠肺炎疫情影响，集中选举面临不少困难。为了充分保障党员选举权，确保三分之二以上党员能够参与选举，咨询公司统筹协调各个项目工作计划，在保证现场项目工作不间断的情况下，组织有条件的一线党员利用周末时间返程参加选举。党员同志们高度自觉，充分理解，牺牲休息时间，保证选举的民主性、有效性。

党员大会上严格按照选举流程，由公司党委任命的党总支书记主持选举。清点到会人数后向全体党员报告，宣读了选举办法，通过监票人、计票人人选，设置投票箱并由监票人检查，计票人分发选票，党总支书记说明填写注意事项后开始不记名投票。监票人、计票人随后清点、统计选票，监票人向大会报告得票情况，由党总支书记公布当选人名单。

东北院咨询公司党总支召开党员大会进行选举

选举大会一方面在不影响生产经营任务的前提下保证了出席党员大会的总体人数满足程序要求，保障了党章赋予党员的民主权利；另一方面通过制定严格具体的程序要求和操作规范，保证了选举工作的公平公正，确保了大会的严肃庄重和选举质量。

（三）做好后续工作，实现无缝对接

咨询公司党总支履职后，党总支书记组织召开党总支委员会会议。指导并监督落实下设基层党支部做好选举工作，明确各基层支部成立选举牵头人；同时通过组织引导，确保改组党支部和原党支部之间、新老支部委员之间做好交接工作，实现无缝对接。

咨询公司党总支依照东北院党委批准的基层党支部设置，指导各支部参照党总支选举流程及办法，精心策划、周到组织，扎实做好选举工作。在支部委员酝酿方面加强监督，确保选优配强党支部班子，保证新成立基层党支部的凝聚力、战斗力。同时要求各支部认真做好选举资料的收集、整理、存档工作，确保换届选举工作记录的规范性、严谨性和可追溯性。选举工作全部完成后，选举结果经党总支审核后，统一报送院党委批复，下设5个基层党支部顺利成立。

东北院领导到咨询公司进行联系点调研

此外，咨询公司党总支成立后通过加强对基层党支部改组选举全过程的监督指导，做好支部台账、会议记录、党员档案等材料的规范化移交工作，做到基层党支部新老班子工作交接的顺畅完整，达到基层各项党建工作不放松、不断层、不脱档的目的，强化了新组建基层党支部的凝聚力、战斗力，确保基层党支部工作经验的传承和后续工作的开展。

三、实践成效

组织机构调整后，咨询公司共有正式员工228人，其中党员115名，党员占比超50%。通过科学合理的基层党支部设置，结合党建引领、党员带头，促进了各部门之间及部门员工之间的相互沟通，营造了融合向上的工作氛围。咨询公司党总支组建完成后，通过创新的党建活动、丰富的组织生活内容，党建工作取得了良好的效果。部分党支部组建了党员先锋队，发动党员到困难一线，保证了生产经营任务高效、顺利完成，基层党组织战斗堡垒作用也得到充分发挥。在党员先锋模范作用的带动下，先后有多名业务骨干递交了入党申请书，党员队伍获得了健康持续发展。此外，党建工作的提升也促进了生产经营的发展，在传统板块业务不断萎缩的背景下，在咨询公司党总支的领导下，广大党员职工积极开拓新兴市场，屡获佳绩，为企业的转型发展迈好了第一步。

（执笔人：庞大鹏　东北院咨询公司党总支副书记）

点评 东北院党委严格按照《中国共产党国有企业基层组织工作条例（试行）》规定，坚持“四同步”“四对接”，及时召开各级党员大会，做到了“党的基层组织和生产行政组织同步建立”“党务干部和生产行政干部同步配备”。选举程序严格，切实发扬了民主，充分保障了党员权利。

以“三个落实”确保“三会一课”学习效果

华东院系统规划研究中心党支部

一、案例背景

如何将党建工作充分融入生产经营，提高“三会一课”在教育管理党员方面的针对性和时效性，更好发挥党建的引领和推动作用，是国有企业基层党组织不断思考和实践的重要课题。

中国电力工程顾问集团华东电力设计院有限公司系统规划研究中心党支部（简称规划党支部）主要由系统规划研究中心的党员组成。支部覆盖规划室、系统室、网信室、智慧能源工程技术中心、综合管理室五个科室，业务范围广、涉及工程阶段多。面对支部党员业务繁忙、出差频繁的情况，规划党支部深入思考党建与生产经营相融合的切入点和契合点，突出政治学习和教育，组织开展“三会一课”，以“三个落实”确保学习效果。

二、主要做法

（一）会前落实准备工作，确保有的放矢

“三会一课”开始前，支部书记组织召开支委会，讨论确定本次组织生活的主题，研究布置每名党员学习的“必读篇章”和研读的相关文献材料，指定安排一名支部委员做好“必读篇章”的导读准备或实际案例的讲解准备。

各支委根据不同的主题内容负责相应的学习教育工作。支部书记主要负责党中央会议精神和方针政策的传达宣贯、党史文献的学习辅导等；组织委员和宣传委员主要负责党纪党章党规和党建资料的学习辅导等；纪检委员主要负责廉洁文化的学习和组织开展警示教育；青年委员主要负责组织参观学习和主题党日活动。

支委会在集体讨论时，还会结合具体的生产经营工作，尤其是工程项目重要节点、危难险重任务和工作中遇到的难点、重点、痛点问题，明确学习的重点，提出贯彻落实的措施建议。此外，支委会通过讨论，还会根据实际需要安排邀请公司领导、院外党建专家等来作专题讲座讲解。

华东院规划党支部召开党员大会开展学习教育

支委会后，负责学习教育的支委提前准备相应的会议材料，通知每位党员提前熟悉“三会一课”的学习目的、教育要求、背景情况、重点内容、会议流程等信息，做好参加学习教育的准备工作，做到心中有数。

（二）会中落实学习质量，确保取得成效

在“三会一课”开展过程中，党支部会从以下几个方面保障“三会一课”学习效果。

首先，党支部会根据实际情况选择合适时间，尽可能让绝大多数党员能有效地参加学习教育，同时严格落实请假制度。

华东院规划党支部与国网华东分部规划统计部党支部、国网上海青浦供电公司党委联合举办“长三角示范区一体化规划工作研讨”党建联建共创活动

华东院规划党支部与其他单位党支部联合开展“党史”学习教育活动

其次，支部委员不断探索丰富“三会一课”的内容和形式。学习内容既有对习近平总书记重要论述、党章党规、党史资料的学习，又有如何做合格党员的案例讲解、先进模范人物的事迹介绍。学习形式除了常规会议，还有红色教育基地的实地参观、与公司内外其他党支部的党建共建等。

另外，每次会议、党课和活动由一名支部委员负责全程组织，做到工作流程规范、交流互动充分、会议记录及时，不断提高“三会一课”的质量和水准。

（三）会后巩固学习成果，确保学有所用

“三会一课”结束后，党支部继续巩固学习教育的成果，将学习成果切实转化为工作动力和行动指南。

一是由支部委员完成会议/活动记录的整理，并将记录发至支部每位党员，供其继续学习。对于要求请假未到会参加会议的党员同志，根据会议记录的内容，安排其主动补课、认真自学，及时完成学习教育的任务。

二是由支部委员带头开展成果落实工作，将“主题党日活动+实际工作”作为党建服务生产的新手段，带领干部职工在日常工作生活中争做合格党员和“办实事见实效”。例如：通过党建平台助力规划设计工作做好做实、组织“助力梦想基金”助学活动参与扶贫帮困、组织学习“以榜样为镜，向先进看齐”先进模范活动、组织参加志愿者服务、组织安全生产专题学习、支持开展安全劳动生产竞赛、助力部门开拓创新工作、保障部门生产经营工作等。

三是充分借助信息化手段，由支部委员负责开展日常学习教育活动，如建立党支部微信群开展“微党课”，进行党史宣传、思想教育、知识传播和信息交流，使支部建设工作做到与时俱进、常抓不懈。

三、实践成效

规划党支部坚持“三个落实”，规范了“三会一课”的开展，让长期的“规范”内化为良好的习惯，让良好习惯深化为融会贯通、兼容并蓄的“思维”。同时，强化了党员的党性锻炼，更好地将学习教育成果转化为干好工作、促进发展的积极动力，助力党员岗位建功、岗位成才。

在党建工作的引领下，系统规划研究中心顺利完成各年度生产经营任务，新签设计业务合同的年增长率保持10%～15%的较高水准，总承包业绩连续4年实现翻番。党支部获得上海市“党支部建设示范点”等各级集体荣誉10多项，取得个人荣誉30多人次。

（执笔人：储真荣　系统规划研究中心党支部书记、副主任）

点评　“三会一课”，是对党员进行经常性的教育管理的重要载体。华东院系统规划研究中心党支部坚持做到会前落实准备工作、会中落实学习质量、会后落实教育成果的“三个落实”，提高了“三会一课”学习的规范性、针对性和实效性，使理论学习更有高度、融入中心更有深度，更好地发挥了党建工作对生产经营中心工作的引领保障作用。

PART 3

党员教育管理篇

篇首语

党员教育管理是党的建设重要基础工作和长期战略任务。作为党的肌体细胞，党员的素质影响着党的执政能力和领导水平，如何进一步加强党员教育管理，建设一支素质优良、结构合理、规模适度、作用突出的党员队伍，是新时期党的建设新的伟大工程的基础工作，也是关乎党的长久发展的永恒课题。

我们的基层党支部高度重视党员教育管理工作，不断筑牢党支部这块党建基石。江苏院党委把握三个“结合点”，将思想政治工作做“活”、做“实”、做“细”，不断提高思想政治工作的质量和水平；西北院通过探索和实践“互联网+党建”新工作模式，自2019年2月以来，以微信公众号、网络视频会议、微信群等形式，有效破解了党员学习教育现实难题；甘肃院通过党员思想动态管理促进党建与生产经营“融入嵌入”，从而发挥党员先锋模范作用和党支部战斗堡垒作用。近年来，中电工程不断强化党员教育方式方法，主动探索创新，尤其是在信息传播手段、方式和渠道日益多元化的形势下，用新媒体技术搭建思政工作立体化平台，推动思想政治工作传统优势与信息技术高度融合，把党员教育融入日常，不断推进党员教育管理走深走实。

以“三个结合”做好思想政治工作

江苏院党委

一、案例背景

思想政治工作是党的优良传统、鲜明特色和突出政治优势，是一切工作的生命线。新形势下，中国能源建设集团江苏省电力设计院有限公司职工队伍呈现出年轻化、专业化、知识化特点，他们在精神诉求、价值取向、思想观念上也有着多元多变的新特征。这为做好企业思想政治工作带来新的挑战。为此，江苏院党委主动适应新形势，运用新媒体，结合企业中心工作及职工需求，以三个结合为抓手，将思想政治工作做“活”、做“实”、做“细”，不断提高思想政治工作的质量和水平，助力企业实现转型发展。

二、主要做法

（一）与新媒体手段相结合，将思想政治工作做“活”

江苏院党委顺应互联网时代新趋势，构建出以江苏院“苏电设计e支部”为母平台，工会“职工之家”网站，“道德讲堂”实体、网络课堂，共青团“苏电团青家园”网站和“江苏院青年在线”微信群等多个子平台互为补充的思政工作立体化平台，探索思政工作“互联网+”模式，为职工思政工作开展提供强有力支撑。

1. 开发党员职工自主学习网站

开发“苏电设计e支部”网站，建成电子化的党建图书馆和流动的党员之家。网站“党员学习积分系统”有效解决党员自主学习及考核难问题，网站同名微信服务号、学习号帮助解决外地出差党员的同步学习问题，拓展了思想政治教育工作的维度和广度。

江苏院“苏电设计e支部”网站

2. 开办“道德讲堂”线上、线下课堂

定期组织“道德讲堂”实体课堂，开办基于“苏电设计e支部”网站及微信服务号的网络讲堂，帮助党委更高效、更便捷地开展职工思想道德建设和理想信念培养。

3. 开辟群团组织新媒体教育阵地

对“职工之家”网站、“苏电团青家园”网站、“江苏院青年在线”微信群进行差异化、目标化的建设工作，实现党工团平台全方位、无死角覆盖，提升群团工作信息化水平，推动思想教育工作出实效。

（二）与企业中心工作相结合，将思想政治工作做“实”

思想政治工作要坚持“围绕大局，服务中心”，把思想政治工作同企业中心工作结合起来，实现“虚”功“实”做。

1. 帮助职工认清企业发展形势，做好教育引导工作

利用公司支部书记例会、支部大会及各类学习活动，通过解读文件、学习讨论、过政治生日等形式，引导职工站在企业改革发展高度，认清新形势，帮助职工转变思想观念，增强改革意识，提高执行企业各项决策的自觉性、有效性。指导基层支部成立“钢筋铁骨”“钢铁青春”青年党员突击队，开展“星火”党史系列读书会等活动，有效促进思想政治工作与生产经营深度融合，充分发挥基层党组织的战斗堡垒作用。

2. 聚焦职工素质建设，激发职工干事创业激情

思想政治工作不仅是为了规范职工的思想理念和价值取向，更是要落脚到职工素质培养与建设中。江苏院党委以推进产业工人队伍建设改革为契机，指导工会大力推进“学习型、技能型、创新型、和谐型”班组建设，广泛深入持久开展技能竞赛、创新活动，指导基层党支部开展支部、班组双融合活动，打造出“发电雄鹰”“电网铁军”“勘测尖兵”“综合能源特种兵”等支部品牌，锻造富有凝聚力、创造力和战斗力的职工队伍。

3. 发挥先进典型引领作用，以奉献精神感染职工

组织开展“最美苏电设计人”、“话传统、学先进”事迹报告会等专题活动，营造劳动最光荣、劳动最崇高的浓厚氛围。聚焦重大项目、特色班组、支部风采等开展微视频大赛，选树职工身边看得见、学得上的先进典型，把榜样力量转化为职工群众的生动实践。

（三）与职工需求相结合，将思想政治工作做“细”

把解决职工的思想问题和解决职工面临的实际问题进行有机结合，在实践细节上赢得职工信赖。

1. 解决职工实际困难，维护职工利益

把解决思想问题同解决“急难愁盼”问题结合起来，把思想引领同“我为群众办实事”实践活动结合起来。切实发挥职代会各项职能，落实职工民主权益。开展“我为群众办实事”实践活动，党政工通力合作，将职工关心的热点问题追踪到底、解决到位，确保提案件件有答复，确保实事件件有回应，在有效服务职工中提升思想政治引领能力。

2. 打造健康文明、昂扬向上的职工文化

在专业班组及具有一定规模的项目部普及推广图书角建设，建立“散为满天星”的江苏院特色“职工书屋”，用书香文化和人文温度凝聚团结向上的人心力量。持续开办健康讲堂，聚焦职工常见高发疾病、心理疏导专题，邀请知名专家开坛授课，提升职工身心健康，构建温馨、和谐人文环境。打造“一季一项”四大精品文体活动，引入新理念和新元素，不断创新活动形式，营造“快乐工作、健康生活”的文化氛围，以健康向上的职工文化引领职工在实践中实现自我教育。

江苏院开展一年一度的龙舟大赛

3. 开展有温度的职工关爱工作

为向广大职工提供普惠性、常态性、精准性关爱服务，以润物细无声

的方式开展思政工作，公司开展冬夏两季集中慰问、年度困难职工帮扶，对长期驻现场职工及家属、生育生病职工给予定制化特殊关爱。组织基层支部创新举办水果大餐Party、工间下午茶、新年礼物交换、集体生日会等活动，有效释放职工工作压力，帮助职工以良好的身心状态投入工作中。

江苏院为长期驻外员工子女寄送开学礼

三、实践成效

江苏院党委运用新媒体开辟了思想政治工作新平台，结合企业中心工作、贴近职工群众需求开展职工思政教育工作，发挥了把方向、管大局、促落实的作用，凝聚了人心、鼓舞了士气，为促进企业高质量发展做出了应有贡献。近年来，江苏院获评第五届全国文明单位，连续九届被评为“江苏省文明单位”，公司党委被评为中国能建先进基层党委，公司工会被评为“全国模范职工之家”。课题《构建“互联网+”的思想政治工作平台的实践》获江苏省企业联合会创新课题优秀奖，《积极打造思想政治工作立体化平台》获江苏省省部属企业职工产改优秀案例三等奖，课题

《把心理疏导引入员工思想教育的实践与探索》获中国电力规划设计协会创新课题一等奖、江苏省省部属企业职工思想政治工作十佳案例。2名职工获江苏省劳动模范，2名职工获江苏省五一劳动奖章，2名职工获中国能建劳模，3名职工获规划设计集团劳模。

（执笔人：杨　芳　江苏院党群工作部党群宣传专责）

点评 思想政治工作是国有企业的优良传统和政治优势，是国有企业改革发展稳定的有力保证。江苏院将职工思想政治工作作为一项系统工程，找准思想政治工作的着力点，将思想政治工作与新媒体手段相结合，与中心工作相结合，与职工需求相结合，把思想政治工作融入生产经营、后勤管理等党建工作中来，为企业发展提供了强大的精神动力。

围绕“一学一讲一分享”，打造学习型党支部

云南院系统党支部

一、案例背景

中国能源建设集团云南省电力设计院有限公司系统党支部发挥规划引领优势，大力拓展国际业务，支部针对员工学历高、素质好、年轻化和党员占比高等特点，坚持深入开展“一学一讲一分享”活动，打造学习型党支部。

“一学”是开展“英语角学习”活动，提升员工英语综合水平，为开

云南院系统党支部荣获先进党支部称号

展好国际业务打好语言基础；“一讲”是开展“成长讲堂”活动，建立专业培训体系，加快促进新员工快速成长；“一分享”是开展“读书分享”活动，提高党员政治理论素养和专业技能水平。活动旨在培养政治素质高、专业技能强的电力系统规划人才，发挥规划引领布局作用，加强工程项目的策划和培育，推动云南院“投建营一体化”项目落地。

二、主要做法

（一）“一学”营造学习氛围

系统党支部注重以政治引领促进业务提升，持续深化学习习近平总书记关于碳达峰碳中和系列重要讲话精神，着力提升学习型党支部建设效能，结合云南省能源高端智库的定位，对国家能源政策开展持续的学习和解读。云南省是国家面向南亚、东南亚的辐射中心，云南院要大力开拓国际业务，语言交流成了最大的屏障。为有效解决国际业务开展过程中人员少、工程多、语言交流难等难题，在党支部书记的倡议下，支部成立了覆盖全体员工的“英语角”学习小组。支部主持制定学习计划，坚持每日一练，每天半小时，全体员工轮换担任每周“英语角”主持人，学习内容涵盖专业单词、专业短语、新闻报道、专业文章、工程报告以及日常交流对话等内容，专业涵盖电气专业一次、二次、通信、自动化等。英语能力的提高，促进员工更好、更专业

云南院系统党支部举办“成长讲堂”

地开展国际业务。

（二）“一讲”助推新人成长

系统党支部创新党课学习，通过专题党课、微党课、线上党课等形式，不仅领导带头上党课，也鼓励普通党员主动开讲。支部确立了“身心发展、知识丰富、素质提升”的培养思路、“学用结合、讲用结合，以学促讲、以讲促学”的学习模式、“博学多识、潜力挖潜、价值提升”的员工发展措施，促进党员特别是青年员工通过讲台上“大练兵、展技能、亮风采、强本领”，促使员工在互动交流过程中“受启发、找差距、补短板、强弱项”，在答疑解惑中共同学习、共同进步。“成长讲堂”突出组织引领、团队创新和模范带头，每两周组织一次，主要以新员工的成长、分享、经历为主，穿插老员工对新员工的专业知识技能培训及答疑，并结合专家学者授课、专业技术讲座、青年大讲堂、骨干人员挂职交流锻炼等，极大提高了员工整体素质，助推新员工的成长成才。

（三）“一分享”培养团队文化

为提高党员和员工政治素质和专业素养、提升个人文化底蕴、开拓人生视野，支部设立“图书角”，坚持开展“读书分享”活动。活动以“读好书、提素质、强能力”为主题，聚焦“形式新、内容实、效果好”，藏书涵盖思想建设、古典名著、文学传记、专业技术等，其中不乏来自员工捐赠的书籍。员工每周轮换推荐自己阅读的书籍，与大家分享书籍的内容及阅读感悟。通过活动，促使员工养成爱读书、会读书、读好书的良好习惯，营造浓厚的学习氛围，强化学习的实际成效，提高员工的综合素养，培育优秀的团队文化，一体提升党支部的创造力、凝聚力、战斗力。

三、实践成效

通过持续深入开展“一学一讲一分享”活动，系统党支部切实把服务电力建设发展需要、云南院自身发展需要和职工个人发展需要有机结合起来，把党的建设、人才培养和文化建设有机结合起来，实现了支部党建工作与部门生产经营工作相互融合、相互促进，支部工作载体更加丰富，活动更具内涵，成效更加明显。

云南院系统党支部开展“缅怀革命先烈，传承扎西精神”主题党日活动

以“学”促发展，更走心。“英语角”以丰富的内容、清晰的目标，系统提升了部门党员和员工的英语能力，为后续的工作开展打下了坚实的基础。近年来，部门先后完成了《老挝电网项目技术咨询》《中老跨国互联电网的调度管理模式及管控措施研究》等研究工作，开展了斯里兰卡、孟加拉国、马尔代夫三个国家的能源电力规划研究，并在中越联网、中老联网、老挝向柬埔寨送电等互联互通重点工程项目中，助力云南院成功签约众多海外电网工程项目，为云南院“走出去”提供了有力支撑。

以“讲”促成长，更走实。“成长讲堂”以常态常效常新的机制，有效改进了党支部教育培训方式，党员的整体工作能力和水平得到有效提升。近年来，支部所辖部门参与了《全国2013—2020年电网规划》制定，完成了云南省“十二五”“十三五”“十四五”电网发展规划及中长期规划等多项区域级、省级电网规划，为云南电力工业发展做出了积极贡献。

以“分享”促提升，更走深。读书分享活动开展以来，党员最大限度地深挖潜能，思维力、想象力、创新力得以充分地发挥，业务上不断精进突破，近几年先后开展了《新型多端直流输电技术在云南电网的应用研究》《以新能源为主体的新型电力系统》等多项专题研究。在员工分享的启发下，大家对“互联网+”智慧能源等前沿领域有了更深的认识与突破。目前部门已完成多个智慧能源项目的规划和项目的落地，其中《呈贡信息产业园能源互联网综合示范》成功申报为国家能源互联网综合示范点。近年来，系统党支部先后荣获云南省国资委“先进基层党组织”称号、中国能建“示范党支部”、中电工程“先进基层党组织”等多项荣誉。

［执笔人：吴政声　云南院系统党支部书记、能源规划研究中心副主任（主持工作）

赵国庆　云南院党群工作部（党委宣传部、工会办公室）主任助理

王　亚　云南院党群工作部（党委宣传部、工会办公室）主任］

点评 云南院系统党支部抓住沿边地缘优势，发挥能源智库作用，通过开展“一学一讲一分享”，以培养党性强、外语佳、技术好、文化素养高、政策通的复合型人才为目标，探索出独具特色的党支部活动载体，构建出党建与生产经营同频共振的支部工作新局面，进一步推动云南院党的建设高质量发展，对其他基层党组织有着较强的借鉴意义。

借力“互联网+”提升党员教育管理实效

西北院电网工程分公司党总支

一、案例背景

随着“互联网+”时代的到来，党建信息化进程不断加快，“网络党建”已作为一种新常态融入基层党组织活动的各个方面。中国电力工程顾问集团西北电力设计院有限公司电网工程分公司党总支117名党员分布在四部四室八个部门，党员队伍向一线倾斜，年轻化、高学历的党员数量日渐庞大。由于生产经营任务繁重、党员出差频繁、项目多耗时长等多重原因，对党员日常的教育、管理、服务变得更加繁杂，以往的工作方式难以

团结奋进的西北院电网工程分公司党总支

适应企业新的工作节奏，难以把握青年党员思想动态，容易出现党建基础工作不规范、管理触角不深入等问题。西北院电网工程分公司党总支积极探索和实践“互联网+党建”新工作模式，自2019年2月以来，以微信公众号、网络视频会议、微信群等形式，从互联网“+教育”“+管理”“+服务”三个方面入手，有效破解了这一现实难题。

二、主要做法

（一）互联网+教育

党总支充分用好“学习强国”App、“西北院云课堂”App、微信公众号、网络视频会议等学习载体。

支部党员通过“学习强国”“西北院云课堂”及时了解时事政治和政策法规。通过在微信公众号设置学习动态、理论知识、支部活动、工程动态等栏目，积极宣传党中央、上级党组织和企业党委的重大决策部署。便捷的学习方式让身处各地的支部党员在第一时间了解最明确的党中央精神，知悉最全面的党建信息，进一步提升了党员学习教育的时效性。微信公众号自2019年2月建立以来，发布了30多期工作动态，特别是2020年新冠肺炎疫情期间，发布的《幽居伏“魔”一“网”深情——献给疫情阴霾下坚守初心的电网人》《电网按下复工键 一片赤诚守初心》阅读人数极广，鼓舞了每一位居家隔离的电网员工。

在党员难以集中开会时，党总支采取视频会议形式，把“三会一课”、主题党日等组织生活由线下搬到线上，组织党员进行网上集体学习研讨，让身处各地的党员“离组织更近一点”。远在他乡的党员通过网络视频观看庆祝中华人民共和国成立70周年大会、庆祝中国共产党成立100周年“七一勋章”颁授仪式等重大庆典，这极大地鼓舞了党员干事创业的信心和责任感。通过网络视频会议，让身处异地的党员紧跟支部思想政治学习，同时又能将工程现场党员发挥模范带头作用的真实事例传达给支部，形成相互学习、教学相长的局面。

（二）互联网+管理

党总支建立“电网工程分公司全体党员微信群”，打破党员管理监督“限时、限地、限人”的束缚，以“互联网+管理”开启党员管理新模式，服务党建管理工作，加强日常交流。该举措既能让党员随时随地上“党课”、收缴党费，还能进行实时提醒、考核评价，推动党员日常管理、教育培训等工作的开展。目前分公司党总支下四个支部分别建立了各支部微信群。支部利用微信群引导党员特别是青年党员，及时为他们提供政治学习精神养料。

（三）互联网+服务

新冠肺炎疫情期间，党总支积极建立“互联网+服务”，充分发挥线上服务作用，确保特殊时期党建工作“不隔离”“不掉线”。一是加强宣传引导，提升员工防控意识。组织员工开展了线上《常态下新冠疫情防控

西北院电网变电党支部开展主题党日活动

要点》的专题培训活动，进一步提高员工疫情防控能力；在微信群中及时发布防疫政策、转发西安市居民生活及就医保障信息；针对独居和家庭困难员工做好思想抚慰、困难帮扶工作，积极引导员工消除恐慌情绪，增强自我防病意识，坚决执行地方防疫管理规定，做好“不信谣、不传谣、坚守初心、相信政府”的宣传工作。二是加强应对准备。党总支按需采购防疫物资发放给员工，提供充足的物资保障；针对分公司人员出差频繁、疫情防控形式较复杂的情况，安排专人建立了网上“员工出差情况信息库”及“隔离人员信息库”，随时准确掌握外出人员的行程信息及隔离情况；还及时发布了设计软件居家使用指南，通过网络远程工作模式，引导员工紧密配合各项生产任务，做到优质服务不停产、责任落实不缺位。疫情期间“互联网+服务”发挥了服务群众、凝聚人心、促进和谐的作用。

三、实践成效

从互联网“+教育”“+管理”“+服务”三方面构建的“互联网+党建”体系，着眼于党员的工作、学习和生活习惯，真正达到了服务于党员政治生活、服务于党员学习教育的目的，为深化创建活动、提升党建工作质效提供了有力支撑。党总支得以更加扎实地开展专题党课、“三会一课”学习，广大党员学习更加自主，不再受时间、空间的限制，学习内容更丰富，学习成效更巩固。党员自主学习意识、身份意识明显增强。西北院电网工程分公司党总支荣获西北院“先进基层党组织”荣誉称号，在各项工程建设中涌现出一批主动承担急难险重任务、奋勇争先、忘我工作的党小组和先进个人。“互联网+”与党建工作的深度融合让党组织与一线党员更加心心相连，激励着党员为公司持续高质量发展作出新的更大贡献。

（执笔人：刘国华　西北院电网工程分公司党总支组织委员
张雪松　西北院电网工程分公司党总支宣传委员）

点评 西北院电网工程分公司党总支由于党员出差多，工程项目点多线长等多重原因，以党员学习App、微信公众号、网络视频会议、微信群等形式，从互联网“+教育”“+管理”“+服务”三方面入手，拓展党员教育新途径，确保党员教育全覆盖见实效。该做法成功探索了“互联网+”与党建工作融通融合新途径，对同类型支部开展党员教育活动有很好的借鉴作用。

党员教育管理“走新”更“入心”

陕西院技术经济中心党支部

一、案例背景

中国能源建设集团陕西省电力设计院有限公司技术经济中心党支部有党员13名，其中有正高级工程师1人，高级工程师3人，注册造价工程师6人，注册咨询工程师3人，支部70%党员为35岁以下青年员工，是一支饱含青春活力、具备较高综合素质的先锋队伍。技术经济中心党支部坚持政治引领，结合党委工作的重点、难点，职工关注的热点、焦点，创新党员教育管理新形式，加强基层组织建设，聚力关心党员职工的成长成才，营造家一般温暖的支部集体氛围，锻造铁一般坚强的支部战斗堡垒。

二、主要做法

（一）政治引领把方向

坚持把政治理论学习作为支部重要工作，制定计划、明确要求，做到学习规范化、制度化、常态化。在中心月度会后例行组织党支部（扩大）学习，利用讲党课、OA专题专栏、“学习强国”App、微信平台等宣传媒介，深入学习习近平新时代中国特色社会主义思想和党的十九大精神，贯彻落实党的路线方针和决策部署。认真开展党史教育，深入贯彻落实上级集团各项决策部署，通过加强学习提高政治水平和业务能力，更好地服务于自身本职工作，将“走新”学习的吸引力转化为“入心”学习的驱动力，解放思想，贯彻新发展理念，充分发挥支部战斗堡垒和政治引领作用。

（二）创新形式添活力

结合支部年轻人多的特点，一是组织丰富多彩的“党建+生产”主题党日活动，在参观红色教育基地的同时，到附近工程施工现场学习户内变电站、地下电缆、垃圾焚烧电站等新技术；二是在建党节组织党员过集体“政治生日”，发送党员“政治生日”短信，赠送党员“政治生日”卡片，将党的温暖和关怀送到每个党员的心坎上；三是将党史知识与业务知识有机结合，支部开展了“党史+安全+生产”知识竞赛。党支部为党员发放党史教育书籍、党史问答题库，领导干部带头讲党史，带领广大党员回顾党的光辉奋斗历程，使每位党员在备赛竞赛过程中加深对党史等知识的掌握；四是创新开展党建工作，先后组织“庆七一 学党史 唱红歌”主题活动、红色主题“云”表演活动、庆祝建党100周年“百年百天百万步”职工健步走等主题系列项目，丰富了党支部组织生活形式。

陕西院技经中心党支部为党员过集体政治生日

（三）爱心志愿更凝心

以常态化开展“我为群众办实事”活动为抓手，以志愿服务为纽带，用心用情用力解决群众的困难事、烦心事。一是成立党员志愿者服务队。以党员带动群众，先后多次开展“关注老年群体，温暖与爱同行”“浓浓饺子香，情暖老人心”等志愿服务活动，为护理院送去米面油、为老人们包饺子、表演节目，将志愿者服务日常化，加强支部的精神文明建设。其中“关注老年群体，温暖与爱同行”活动的新闻报道曾荣登《能建周刊》，展现了支部党员的温暖与活力。二是在日常工作中开展对员工的关心关爱。为长时间加班不能按时就餐的员工准备餐食，组织探望生病住院的员工，帮助工作中接到临时任务的员工接送子女，并替远赴西藏出差半年不能回家的员工，为其父母在节日期间送去组织的关怀和慰问等。通过这些暖心举措，为工作繁忙的员工解决后顾之忧，形成团结关爱、积极向

陕西院技经中心党支部开展志愿服务活动

上的工作氛围。三是常态化开展谈心谈话。对支部党员进行思想动态座谈，师带徒定向培养，定期进行职工个别对话、新员工入职满月谈话，主动倾听职工内心想法，了解职工工作和生活动态，帮助职工“更新观念、转变作风、提升水平”，实现沟通零距离。

（四）组织建设成合力

加强支部组织和队伍建设，推动党建与生产经营有效联动。一是深入学习党支部工作条例，随着机构改革同步完成了党组织设置和换届选举工作，及时更新各类支部台账；二是开展“领导干部讲党课+红色观影”活动，激励党员同志立足岗位在新冠肺炎疫情防控和复工复产等工作中发挥党员模范带头作用，电源、电网、配网等千余项工程依然顺利开展；三是建立支部图书角，购置党建及正能量书籍百余册，打造良好的学习阅读环境，方便所有同志借阅学习；四是党支部多维度做好女职工关爱工作。技经中心员工近80%为女性，她们是女儿，是妈妈也是妻子，更是中心的顶梁柱。技经女职工们一边顶着时间紧、强度大的压力，同时克服着孩子小、哺乳期等种种困难，撑起了生产任务的半边天。党支部关心关爱女职工，组织三八节观影活动、开展女性职业性健康防范知识宣传等，保证巾帼英雄们能够更加高效地工作。

三、实践成效

技术经济中心党支部坚持党建工作与生产经营高度融合，主动适应公司改革发展，中心生产经营指标圆满完成，科技创新成果优异，营造了积极向上的良好氛围。在重点工程和总包工程中成立党员先锋队，充分发挥技经专业的设计反馈和总包造价控制作用；组织QC小组活动解决技经工作的质量难题；党员牵头建立输变电、新能源等工程技经量价大数据“企业云”平台，打造“智慧型”技经中心，提高了工作质量和效率。支部的每一份子都积极参与了支部的各项建设，党员的积极性、主动性和责任心得到了普遍提高，党支部的战斗堡垒作用和党员的先锋模范作用得到充分发挥。技经中心党支部先后荣获中电工程、陕西院“先进基层党支部”荣誉称号，一批先进个人得到上级单位的肯定和嘉奖。

（执笔人：马蓝波　党群工作部党建专责
张　珺　技术经济中心组织兼宣传委员）

点评 在如何增强党支部凝聚力这个问题上，陕西院技术经济中心党支部“走新”组织生活形式，“入心”党员思想发展，关心党员职工需求，凝心日常志愿服务，全方位提升党员教育质量。支部为人人，人人为支部，党支部凝聚力、向心力和战斗力不断增强，切实打造了一支讲团结、敢担当、能战斗的党员队伍。

“e时代”开辟学习教育新途径

山西院管理一党支部

一、案例背景

新时代提出了全面提高党的建设科学化水平的总要求，如何运用科学载体加强党员教育、筑牢党支部战斗堡垒，是摆在基层党支部面前的一项课题。当前，信息技术的发展，特别是“互联网+”的运用，在传统企业迸发出新的火花。将互联网技术与党建工作深度融合，为提升党支部党建工作水平开辟了一个崭新的途径。

中国能源建设集团山西省电力勘测设计院有限公司管理一党支部涵盖科信、安质环、党群、纪检共4个部门，存在着部门多、业务面分散、工作联系不紧密的问题，除了每季度一次的党员大会，其余时间组织集中学习比较困难。如何既不占用大量工作时间，又能把分散在各部门的党员集中起来开展理论学习，管理一党支部将答案投向了互联网和信息化手段应用。

二、主要做法

（一）微信“考考”考出学习新成效

党支部确立了“微阵地、轻体量、多循环、全覆盖、有分量”的党员教育工作方式。微阵地即利用好微信这个传播媒体；轻体量即内容不在于多而在于起到学习引导作用，充分利用党员碎片化时间；多循环就是能反复答题，多轮思考，每月开展；全覆盖就是覆盖党支部全体党员，覆盖要求学习的全部内容范畴。经过筛选，最终确定了利用微信平台的公众号“考考”免费模块，每月结合山西院党委党建工作安排，就党建工作、党务工作，以及公司中心工作等内容出题考试，用以考促学的方式建立理论学习微阵地。

山西院管理一党支部微信答题活动界面

（二）网络手段确保党支部学习全覆盖

管理一党支部利用网络组织党员学习，关键在以下几点：一是题量适当，围绕当月学习内容和学习资料出5～10道考题，答题有效期为3天左右，考题类型包括单选题、多选题、填空题和判断题，答题方式简便，党员可以利用工作和生活中的碎片时间通过手机进行答题；二是主题明确，每月由组织委员根据公司党群部每月学习要求拟定题目，包括党建知识、政治理论学习、上级及本单位的工作重点等内容，具体内容有“不忘初心应知应会”、习近平总书记重要讲话精神、《习近平谈治国理政》、党史学习教育、上级集团重要会议精神、指示精神、《太原市文明行为促进条例》、山西院工作会精神、纪检答题、安全生产答题等；三是量化积累，从2018年3月开始至今，支部共出题316余项，组织微信答题57次，参加考试学习2556人次，答题准确率95%；四是成绩反馈，以考促学让学习情况一目了然，提升支部党员理论学习的参与度和学习兴趣，同时也提醒支部党员不断刷新提升知识掌握准确率。答题结束后，每个人在排行榜中能看到自己的答

山西院管理一党支部支委讨论出题

题成绩和排序，同时答题公众号还有错题回顾、错题练习等功能，对答错的题目可以进行反复练习提高。

（三）形式多样提升党员学习热情

除了坚持开展微信答题，党支部还利用网络平台组织其他形式的活动。2021年5月份管理一党支部组织了“庆祝建党100周年主题诵读”活动。活动利用手机“小打卡”程序，组织支部党员每人朗读一篇党史故事，有图、有声、有感，丰富了党员的学习形式和学习体验。为建立党史学习常态化长效化制度机制、不断巩固拓展党史学习教育成果，管理一党支部积极号召全体党员职工多读书、读好书，通过“小打卡”程序开展了为期一个月的“好书共读”活动，持续提升党员职工理论素养，不断增强精神力量。

山西院管理一党支部党员集体学习答题

（四）纳入党员年度考核，提高党员学习动力

为了不断激发支部党员的答题积极性和学习主动性，支部每年对网络答题情况进行一次汇总，以答题参与度和答题准确率为标准进行排序，经支委会讨论确定获奖名次，并在支部内公布，对答题优秀者进行奖励。支部规定，在每年的民主评议党员测评时，将是否积极参加支部的答题活动作为评选优秀党员的评定标准之一。

三、实践成效

4年来，支部党员的答题自觉性、准确率、参与度都在逐渐提高。通过网络答题、读书等活动，支部党员之间的沟通联系加强了，党员和支部的联系加深了。答题涉及党建与中心工作等多方面内容，有效推动了支部所辖各部门党的工作与业务工作的有机融合。信息化手段的有效利用，丰富了基层支部理论武装阵地，提高了党员学习的积极性。学习活动的持续长期开展，进一步提升了党员的政治素养，扩大了支部的影响力和号召力，支部工作得到了党员更积极的支持和响应，战斗堡垒作用得到有效发挥。管理一党支部因支部工作优秀，连年荣获“山西院先进党支部”荣誉称号。

（执笔人：刘群力　山西院管理一党支部组织委员）

点评 充分运用现代信息传媒手段提升党员教育工作科学化水平，已然成为新形势下加强和改进党员教育工作的重要措施。山西院管理一党支部采用“微阵地、轻体量、多循环、全覆盖、有分量”的党员教育工作方式，利用微信“考考”“小打卡”等小程序作为载体，精心打造指尖上的“微考堂”，党员接受度高，学习完成度好，有效拓展和丰富了党员教育学习阵地。

“融入式”党建激发强大动力

甘肃院第一党支部

一、案例背景

中国能源建设集团甘肃省电力设计院有限公司第一党支部深刻认识到思想建设是党的基础性建设和铸魂工程，对于保持党员的先进性和纯洁性，增强党组织的战斗力和创造力具有决定性作用。支委班子认真贯彻落实《中国共产党党员教育管理条例》，在不断加强国有企业基层党建“三基”建设上下功夫，始终坚持以经常性“思想建设”描绘基层党建“同心圆”，以党员思想动态管理促进党建与生产经营“融入嵌入”，在发挥党员先锋模范作用和党支部战斗堡垒作用等方面积极探索新路径。

二、主要做法

（一）选优配强支委班子，切实提高政治站位

党支部选举政治素质过硬、业务能力突出的年轻党员担任支部书记和支委，选优配强支委班子。支部书记认真落实党建主体责任，积极发挥好“班长”作用，带动支部委员和所辖部门负责人切实履行“一岗双责”，积极参加各类党建业务培训，加强政治理论、党建经验的学习。树立党支部与所辖部门“一盘棋”的理念，支委既管党建、管思想，也管业务、管技术，避免出现“两张皮”现象，坚持支部活动与部门工作联动，确保实现党建与中心工作深度融合、提质增效的目标。

（二）创新开展学习教育，注重提升党建实效

以党的各项专题教育作为党性教育的最佳契机和有效载体，党支部经常性开展党史、党规党纪、专业技术以及党性教育和宗旨教育，并依托“三会一课”和“主题党日”，创新开展“党员轮值领学”“党建平台每日必学”“普通党员讲微党课”“红色基地参观与实地研学”等学习活动。激发党员先锋模范作用，坚持引领带动党员结合本职工作塑造“匠人”品格，磨砺专业技能，将党建与业务深度融合，坚持在每月党建工作月度推进会上宣扬工作业绩表现优秀、先锋模范作用发挥突出的党员先进事迹，着力培养大局意识、质量意识以及“真抓实干 马上就办”的作风。激发党员主人翁精神，倡导支部会议中充分研讨，引导党员在组织生活中积极发声、主动交流，做到每次活动有主题、有讨论、有点评、有报道，起到提振士气、丰富精神的作用，彰显了党支部的向心力和凝聚力。

甘肃院第一党支部开展主题党日活动

（三）密切关注思想动态，广泛凝聚党员群众

坚持围绕改革发展和生产经营焦点问题，动态掌握党员和群众的思想

状况，及时或不定期组织启发式、引导式的解放思想大讨论和联学联建活动，达到思想碰撞和凝聚共识的目的。抓住出工日、节假日、特殊纪念日等关键时间节点，做思想动员与情感关怀，激发责任感和使命感，发动党员攻坚克难，在实现自我的同时为企业创造价值。

坚持做好不同对象、不同层次的全覆盖谈话制度，涵盖支委班子成员、党员、重点发展对象、积极分子、新员工以及重点工程设计人员、长期艰苦地区出差人员。支部发布“抓市场、保服务、促效益提升，抓进度、保安全、促效益提升”主题倡议书，做到重点工程布置任务和出工会前对党员群众开展谈心谈话、工程遇到瓶颈困难时及时沟通支持，用集体的力量做好相互补位和后勤服务工作。

甘肃院第一党支部开展解放思想大讨论

（四）大力推行量化管理，不断夯实党建“三基”

抓好党员队伍建设这项最经常、最基础的工作，不断夯实党建工作“三基”建设。在支部工作中应用“横道图”“甘肃党建”“智慧党建”“党费管家”App等管理信息化手段，实现支部工作流程化、可视化和标准化。

推行实施“参加支部活动打卡量化”“学习教育积分制度”“党员民主评议细化指标”等量化管理与监督办法，为各阶段党员表现评价提供数据支持，也为党员民主评议打分和党员评先推优提供具体依据。

三、实践成效

甘肃院第一党支部深度聚焦提高质量、转变作风、创造价值，将思想建设贯穿于党员教育、管理与监督的全过程，促进支部工作见成效。近几年，新冠肺炎疫情反复，支部党员干部靠前指挥，党员群众不畏艰难险阻，在复工复产、冲刺目标、质量提升行动等方面主动担当。支部在“一体化”项目、西藏电网总包工程、巴基斯坦稳控项目等大型重点工程、献礼工程中，在“双碳”、储能、综合能源等新业务中充分彰显作为。党员在急、难、险、重任务前攻坚克难、砥砺奋进，逐步成长为能扛鼎的奋进者。甘肃院第一党支部多次评为中国能建、中电工程、甘肃院“先进基层党组织”，荣获中国能建第一批示范党支部称号。支部党员多次荣获中国能建、甘肃省政府国资委党委、甘肃院优秀共产党员。

（执笔人：姚天亮　甘肃院第一党支部书记、系统规划部主任工程师）

点评 甘肃院第一党支部正确认识和处理党的建设与业务发展之间的关系，以高度的政治自觉和实际行动推进党建工作与生产经营深度融合。该支部创新党员教育形式，着力培育党员“匠人”品格和主人翁精神，推行党支部工作量化管理，以党建“三基”建设有效推动党建与生产经营“融入嵌入”，取得良好的成效。

PART 4

堡垒作用篇

篇首语

基层党组织是贯彻落实党中央决策部署的“最后一公里”，战斗堡垒是党的工作力量和工作基础，它能够保证党的方针和路线在企业得到基本落实。中电工程基层党组织在开展党建工作中，以党支部战斗堡垒作用和党员先锋模范作用的充分发挥为抓手，紧扣企业高质量发展的目标，在企业生产经营、科技创新、安全生产、管理提升等方面融入内嵌、有机结合，把党的组织优势转化为发展优势。

实践中，有的党支部在企业急、难、新、险、重任务中，选派政治过硬、业务优秀的党员成立突击队，以高度的责任感和使命感，破解难题、取得突破；有的党支部根据本部门业务特点，由党员牵头，设立党员先锋队、党员联络站，以阵地管理的形式，固化量化工作目标，明确工作内容和要求，以党员群众之间传帮带的方式，推动工作目标实现；还有的党支部在分析研判本支部业务及党员分布特点的基础上，在市场经营一线、重点项目建设一线、安全生产一线、科研勘察设计一线和管理服务一线开展集中攻坚，选取适合本支部的党建融合方式，制定本支部党建融入中心实施方案，因地制宜开展支部实践活动，充分发挥支部的战斗堡垒作用和党员的先锋模范作用。

亮身份做表率　强堡垒争先锋

西北院工程技术中心直属党支部

一、实施背景

基层党建工作做实了就是生产力，做细了就是凝聚力，做强了就是竞争力。中国电力工程顾问集团西北电力设计院有限公司工程技术中心直属党支部带领所属各专业党支部聚焦基层党建与生产经营有机融合，通过开展“亮明身份、设立标杆、创新模式、支部共建”等一系列活动，充分发挥基层党组织战斗堡垒作用和党员先锋模范作用，不断将基层党建工作做实、做细、做强，助力企业高质量发展。

二、主要做法

（一）亮明身份做表率

“亮明身份做表率”活动是基层党建与生产经营有机融合的一项常态化工作。在工位摆放“共产党员”桌牌，亮明党员身份，时刻铭记党员身份、增强党员意识，立足岗位做出表率，同时相互监督，共同进步。在急、难、险、重项目中，一批优秀党员挺身而出，为其他员工做出了表率。他们当中，有的不畏战争危险多次前往海外进行项目收资和技术交流工作，有的在境外新冠肺炎疫情异常严峻之际连续在工地服务15个月，有的在零下二三十度的条件下开展风机机位微观选址达30余天，有的坚持攻关创新完成新一代大型调相机设计任务。这些党员亮明身份、冲锋在前，发挥着示范引领作用，影响带动了其他员工奋发有为、开拓创新，高效完成各项生产任务。

（二）设立标杆促生产

“设立标杆促生产”活动是基层党建与生产经营有机融合的一项突破性工作。党支部在工程设计、科研创新、野外踏勘和员工培训等重点工作中设立党员突击队和党员责任区，树立标杆，发挥辐射作用。

党支部成立了“陕西延长石油富县电厂2×1000MW工程EPC总承包项目”工程设计党员突击队、“小型直流配电系统研究”科研工作党员突击队、“蒙东风电项目微观选址”工作党员责任区和“电气设计技术基础培训”工作党员责任区。在这些突击队、责任区中，支部党员牵头，其他员工参与，共同制定、落实“四个目标”即质量目标、进度目标、创新目标和宣传目标，有效促进了各项重点工作的顺利开展。

西北院电气党支部党员合影

（三）创新模式强服务

“创新模式强服务”活动是基层党建与生产经营有机融合的一项创新型工作。面对企业转型、外部市场变化的现况，党支部组织骨干党员逐步细化、深化管理工作制度，积极探索面向工程项目全建设周期的售后服务创新管理模式。

支部项目前期的工地服务策划是一项困难而又复杂的工作，包括工作流程、文件模板、质量安全控制、工作环境等各项原则的确定，在业务关系上涉及业务部门、设计科室、业主、监理等多个单位。售后服务室的党员和入党积极分子组成管理创新突击小组，精心策划和组织，以黄陵电厂、蒙泰电厂、伊川电厂等项目为样例开展探索实践，极大提升了工地服务前期策划质量和效率。他们还在售后服务中全面推广“首问负责制”，将业主投诉的处理情况纳入部门考核，在服务的各个环节抓好问题整改落实，不仅大幅提升了客户认可度，还推动了项目质量、工期、成本等问题的有效解决。

（四）支部共建深融合

“支部共建深融合”活动是基层党组织与项目党组织共建的一项示范工作。为使设计专业基层党支部的建设更加贴近一线施工建设，直属党支部联合建筑规划与水工结构党支部，率先与富县电厂EPC总承包项目党支部进行了共建活动。

共建活动启动之前，三方编制了活动计划书，明确了活动目标、主要安排和对接人员。在首次共建活动上，三方党员共同参观了施工现场，项目党支部分享了总包管理的总体情况和感悟体会，与设计团队的党员围绕项目前期设想、构思进行交流，就后续加强沟通协调、促进设计与施工管理配合、及时解决项目现场问题形成了协调机制，明确了党员结对工作计划，为项目推进创造了良好条件。半年后，三方开展了第二次共建活动，分享半年来支部党建共建、党员结对工作的成果，参观了建筑规划与水工结构专业相关的施工现场，既对以往工作进行了闭环总结，又对后续问题的处理完善作出了现场安排，实现了增加相互沟通了解、共同推动项目顺利实施的既定目标。

西北院建筑规划与水工结构支部与项目部共建支部

三、成果成效

工程技术中心直属支部以党建为引领，以党建促发展，将党建工作融入生产经营，助力企业高质量发展，取得了显著的成效。

“亮明身份做表率”将党员的优秀品质潜移默化地辐射到周围的普通员工。大家向优秀党员看齐，与优秀党员共同奋斗，连年超额完成设计任务，设计成品质量优良率达到100%。

“设立标杆促生产”让大家心中有了明确的目标，通过目标的建立，提高了大家的工作热情，形成了你追我赶的工作氛围，促进各项工作的有效开展。

“创新模式强服务”将“党建带动服务提升”内化为党员的自觉追求，顾客满意度大幅提升。因出色的售后服务工作，西北院收到了20余封项目业主的表扬函件。业主和各参建单位反映：“现在工地问题处理效率大大提高，现场处理又快又及时，服务态度还好，解决项目问题顺畅多了！”

“支部共建深融合”活动通过支部共建，使总承包项目部与设计部门能够从不同的维度进行配合，提高了设计质量和处理问题的效率，推进了项目施工进度，出图计划比常规项目提前了好几个月，现场变更单的数量也大大减少。

（执笔人：黄一凡　西北院电气室经理
梁娅莉　西北院水工结构室经理
张　英　西北院售后服务室经理）

点评 用党建推动生产经营，离不开党员先锋模范作用的发挥。西北院工程技术中心直属党支部通过“亮明身份做表率”“设立标杆促生产”“创新模式强服务”“支部共建深融合”等系列活动，促进了基层党建与生产经营有机融合，助力了企业高质量发展。

洪流中的担当

甘肃院第二党支部

一、实施背景

党组织的战斗力强不强，关键要看广大党员干部能不能打、敢不敢拼，是不是真的能在关键时刻站出来、顶得住，充分发挥党员干部先锋模范作用。

2020年8月，因持续性强降雨，甘肃陇南市引发山洪、泥石流、山体滑坡等自然灾害，武都区、文县等多地全部受灾，重灾区文县县城及所辖乡镇道路不通、周边多条输电线路发生断线、倒塔事故，灾情严重。根据这一信息，中国能源建设集团甘肃省电力设计院有限公司第二党支部组织党员突击队第一时间抢修110千伏玉文线。该条线路是110千伏石坊变与110千伏玉垒变的重要联络线路，同时承担文县变、石坊变两座水电站的上网任务，但由于持续性强降雨引发的山洪、泥石流，该线路40#–67#杆塔被冲毁，损毁线路长度约7.5公里。为尽快降低灾情给群众生命财产造成的损失和生产生活带来的困难，党支部迅速反应、周密安排，选派精兵强将投入抗洪抢修任务中。

二、主要做法

（一）统一思想，周密部署

灾情就是命令！接到抗洪抢险保电任务后，甘肃院党委沉着指挥，周密部署。各相关业务党支部书记切实履行“第一责任人”的职责，对任务的安排部署、组织推进、实施效果负责跟进，第一时间派党员深入受灾现场开展调查。面对现场环境复杂、山大沟深、交通中断的重重困难，第二党支部联合第五党支部申请成立“抗洪抢险党员突击队”，队长由工程组党员主要负责人担任，队员由6名党员组成。甘肃院党委第一时间批复，党委书记为“抗洪抢险党员突击队”授旗，在强调安全事宜的同时，提出了殷切期望和要求，要求党员突击队在发生自然灾害的紧急关头充分发挥战斗堡垒作用，充分发挥党员在关键时刻勇挑重担、顽强拼搏的先锋模范作用。

甘肃院第二党支部突击队授旗仪式

（二）融入中心，特色突出

为最短时间完成抢修任务、打通电力动脉，“抗洪抢险党员突击队”结合实际情况和工作目标，相继克服连续阴雨、交通不畅、山体滑坡等自然障碍，仅用了6天的时间完成外业勘察工作。同时，与国网陇南供电公司、抗洪抢险指挥部沟通汇报，推进抢修方案迅速落地。“抗洪抢险党员突击队”全体队员以饱满昂扬的斗志、严谨细致的作风，昼夜奋战，同步开展施工图设计、路径协议办理、工程评审及预算编制、现场交桩及交底等工作，最终高质量完成抢险任务，充分彰显党员队伍凝聚力、创造力和战斗力。

甘肃院第二党支部突击队讨论抢修方案

（三）注重宣传，总结提升

党员突击队回到公司后，党支部及时跟进，组织开展多次现场进度及方案讨论会，从工作实际出发，认真总结现场工作情况和存在问题，给出了改进措施和意见，推动了输电实施的后续完善。党委结合党建工作月度推进会召开总结大会，对“抗洪抢险党员突击队”给予表彰奖励，通过研讨总结经验和成果，为后续其他“党员突击队”的建立提供了借鉴参考。

“抗洪抢险党员突击队”迎难而上、连续奋战、团结协作的先进事迹和良好风貌首先在党支部“三会一课”中进行了宣讲。甘肃院党委宣传部还运用融媒体这一大众喜闻乐见的宣传方式，通过自媒体微信视频号《西街23号》栏目进行了传播，营造了学习先进、崇尚先进、争当先进的良好氛围，引发了公司党员群众的学习热潮。

三、成果成效

“抗洪抢险党员突击队”服务先行、担当先行，最短时间打通电力通道，以高度负责的态度、顽强拼搏的意志完美诠释了甘肃院“特别能吃苦、特别能战斗、特别能奉献”的精神品质，让党旗飘扬在抗洪抢险一线，实现了“不辱使命，为党旗增色”的庄严承诺。

甘肃院“抗洪抢险党员突击队”的先进事迹获得国家电网甘肃省电力公司、陇南供电公司、甘肃送变电工程有限公司及社会有关方面的一致赞扬，“抗洪抢险党员突击队”队长被评为甘肃院2020年度“优秀共产党员”。突击队党员的这种勇挑重担、冲锋在前的精神也持续激励着甘肃院广大党员干部、职工群众奋发有为，笃行致远，为企业高质量发展不懈努力。

（执笔人：段辉顺　甘肃院第二党支部书记 送电部副主任
张龙龙　甘肃院送电部线路设计）

点评 在企业急、难、新、险、重任务中，选派政治过硬、业务优秀的党员成立突击队是发挥基层党组织作用的重要抓手。甘肃院第二党支部在突发自然灾害时第一时间成立“抗洪抢险党员突击队”，以最短时间打通电力通道，让党旗飘扬在抗洪抢险一线。

携手扩容朋友圈，绘就最大同心圆

华北院电网党总支

一、案例背景

随着“3060”目标的提出，我国的电网建设迎来了新一轮发展机遇。中国电力工程顾问集团华北电力设计院有限公司电网党总支聚焦“做实党建就是生产力，做强党建就是竞争力，做细党建就是凝聚力”的工作目标，扎实推进党建与生产经营深度融合，带领全体党员紧密围绕华北院高质量发展战略新需求，在市场开发、经营生产、科技创新、疫情防控等方面争做先锋，为党旗添彩，围绕国家重点工程建设，与科研院所、项目业主以及合作伙伴开展党建共建，描绘出合作共赢的最大同心圆，形成“以共建促党建，以党建促业务，以业务强党建”的良性循环。

二、主要做法

（一）全业务链密协同，抢抓市场拿项目

电网工程公司和能源规划研究院同属输变电业务板块，在传统的市场开发体制下，两个部门各自为战，单打独斗。随着国家《关于推进全过程工程咨询服务发展的指导意见》出台，针对业主全过程、集成化、多方案的服务需求，两个部门党支部审时度势开展共建，在重大输变电工程项目中成立联合投标突击队，加强项目的投标策划，从系统方案的多方案比选、工程建设方案的优中选优，到建立重大问题例会制度，实现紧密协同

配合，打破部门墙，提升协同力，充分发挥了能源规划的核心引领作用和电网的市场开发优势，提升了两个部门的整体合力。

两个党支部还携手对接客户，展现整体竞争力，协同对接国家端、行业端、企业端，支撑服务政府和能源电力企业，发挥整体合力，承接华北电网主网架“十四五”滚动研究，内蒙古电网“十四五”主网架选址选线规划，为公司深度开发京津冀、内蒙古地区市场奠定了基础。积极推动新能源“一体化”基地开发，从前端介入项目，有效促进勘察设计、总承包、开发性建设业务的承揽。2021年以来，先后中标金上—湖北、张北—胜利特高压工程，陇东—山东特高压交流受端换流站A包，以及多项新能源及电力送出项目。

华北院电网党总支党员先锋队

（二）携手共建京雄际，建功立业在雄安

北京—雄安新区城际铁路500千伏线路迁改项目是北京至雄安新区城际铁路项目建设的重要配套工程。华北院电网工程公司作为参建方，为加快推进项目建设，面对建设工期紧、安全风险大、外部协调难度大、采购

华北院电网党总支与相关方开展联学联建活动

周期长、线路迁改停电窗口期难于协调的实际困难，党总支与建设单位京雄城际铁路雄安指挥部、承建单位中铁上海工程局项目部联合开展“携手建京雄，建功在雄安”系列共建活动。

三方党组织服务国家战略，协同共建跑出加速度。通过结对共建，增进了解互信，大家面对工程诸多实际困难，不等不靠，发挥各方优势，加强与当地政府沟通协调，建立联合办公机制，高效开展外协和拆迁赔偿工作，保证了项目的顺利进行。三方全体党员在京雄城际铁路的建设中，勠力同心，共建优质样板工程。目前北京至雄安城际铁路工程已高质量按期投运。

（三）设计科研强联手，攻克输电技术关

电网送电支部与中国电力科学研究院杆塔试验党支部依托重大科研项目联合共建活动。双方党员总结几十年来在国际工程上的成功合作经验，探讨杆塔试验过程中常见的问题和杆塔真型试验对于新技术、新材料、新型式在结构设计发展方面的最新实践成果，就“国际工程铁塔优化设计研

与中国电力科学研究院座谈交流

究”科研课题进行了深入的交流和沟通。

送电支部还与中国电科院拉萨特高压直流试验基地深度合作，联合成立高海拔试验线段技术攻关小组，党员身先士卒，面对高寒高海拔的艰苦条件，以“缺氧不缺精神”的态度，坚守雪域高原，现场开展多方案的优化比选，最终为项目提供全面、综合、完善的设计方案。在海拔4300米的西藏高原，使得该试验线段具备高海拔苛刻条件下实现最高±1300千伏直流及1000千伏交流特高压工程的试验能力，最大导线负荷支持双回12×1250钢芯铝绞线，当之无愧地成为目前世界上海拔最高、电压等级最高、功能最全的特高压试验基地。该项技术不仅填补了我国高海拔特高压工程技术的空白，更将我国高海拔特高压技术推向世界前列。

（四）联防联控抗疫情，“一带一路”同心行

某电网扩容和升级改造项目是重要的基础设施项目，总合同额超111亿元。华北院作为该项目总承包方设计咨询方，团队常驻现场。2020年年初，新冠肺炎疫情肆虐，员工身体健康牵动着党组织的心。电网党总支即

时与总承包项目部联合党支部开展线上共建活动，共同学习新冠肺炎疫情防控要求，同时对现场项目部在日常管理、后勤保障、驻地安保、应急预案修编等工作进行了深入对接。

通过双方持续开展卓有成效的党建共建活动，华北院常驻该项目的员工与总包方做到联防联控，人心稳定，家人放心，项目新冠肺炎疫情始终保持“零记录”。目前该项目全面开工，整体进展顺利。

三、实践成效

电网党总支通过内外部党建共建，紧密围绕市场开发、项目推进，从前端项目培育到项目执行取得丰硕成果。2021年至今，先后中标新能源基地外送特高压交直流输变电项目6项，500千伏输变电项目10余项，重大项目中标创历史新高；同时围绕科技创新与中国电科院等科研院所合作，先后完成国家电网高海拔试验基地、FSAT工程试验塔多项科研项目。高质量的党建共建不断扩大团结协作朋友圈，凝聚了团结奋斗的向心力，全面推动党建与生产经营深度融合，破解高质量发展中的“拦路虎”，取得了“1+1>2”的效果。

（执笔人：何　民　华北院电网党总支书记）

点评　“做实党建就是生产力，做强党建就是竞争力，做细党建就是凝聚力”，华北院电网工程公司党总支秉承这个理念，携手业务相关部门、科研院所、业主单位以及合作伙伴组织共建、活动共办、资源共享、难题共解，切实取得了“1+1>2”的效果。

聚焦“四融合” 实现“双提升”

云南院电网线路党支部

一、实施背景

中国能源建设集团云南省电力设计院有限公司电网线路党支部作为长期从事输电线路设计的重要业务支部，经过60多年的技术创新，设计电压等级从35千伏跃升为±800千伏，在高海拔、重冰区超高压、特高压交/直流输电设计、电力与通信共享铁塔等领域拥有独特的技术优势。在深入贯彻落实全国国有企业党的建设工作会议精神，将党的领导和党的建设作为国有企业“根”和“魂”的大背景下，如何强健国企基层党建根基，让支部成为团结群众的核心、教育党员的学校、攻坚克难的堡垒，推动党建工

云南院电网线路党支部荣获“先进党支部”称号

作与生产经营深度融合，从根本上破解“两张皮”的问题，成为新时期国企基层党建工作务实创新的重大课题。自2017年开始，云南院电网线路党支部聚焦“四融合”，实施了一系列卓有成效的特色党支部创建工作措施，实现了党建工作、中心工作质效“双提升”。

二、主要做法

电网线路党支部坚持“围绕经营抓党建、抓好党建促生产”原则，以“四融合、双提升”目标为支撑，通过开展“培根铸魂行动”“强基固本行动”“护航成长行动”“聚心聚力行动”“创新引领行动”五大特色党支部创建行动，增强电网线路党支部在改革发展中的引领力、组织力和驱动力，确保支部始终围绕中心、服务大局、主动作为。

抓学习实现思想融合，落实“培根铸魂行动”。党支部把思想政治教育、专业能力提升作为一项经常性、基础性工作。坚持制定年度学习计

云南院电网党总支开展“传承遵义红色基因，弘扬革命奋斗精神”主题党日活动

划，积极探索支部学习教育新形式、新载体，通过“三会一课”、实地研学、内外培训、读书交流等方式，并积极利用网络视频灵活安排党员学习教育、交流沟通，持续提升党员的政治素质、理论水平、团队意识和业务能力，将党的思想政治工作融入人才队伍建设、班组文化建设，让红色基因融入血脉，化为发展新动能。

抓机制实现组织融合，落实“强基固本行动”和“护航成长行动”。在支部换届中，支部充分考虑建立健全党建与业务融合的保障机制，落实支部书记、部门负责人“一肩挑”，选优配强支委，从而保障了支部党建工作顺利开展。支部充分利用师带徒等平台助力新员工快速成长，通过入党积极分子培训、党务骨干培养，实施红色梯队计划，培养党员先锋团队。通过组织现场观摩学习“复合材料横担新技术”主题党日、BIM竞赛等活动，引导广大党员立足本职岗位创先进、争优秀、当能手，以党内创先争优引领职工创先争优，带领全体员工共同进步，自觉为企业发展敬业奉献。

抓实践实现工作融合，落实“聚心聚力行动”。支部注重强化基层党建工作“切入点”“落脚点”“着力点”，打造“党建+班组”等载体，将党建工作有机融入党组织最小管理细胞，使党建工作落地生根。引导党员发挥先锋模范作用，带动广大职工比业绩、亮成绩、争先进，做到关键岗位、困难面前、危机时刻、突击攻关有党员。在众多急难险重工作中，以党组织为纽带，通过建立党员突击队、党员示范岗等，发挥支部攻坚克难作用。坚持把支部工作与人文关怀及思想疏导工作相融合，组织开展慰问境外职工家属活动，架起支部与职工的“连心桥”，力争服务职工“零距离”，带领全体职工奋力完成生产经营任务。

抓科研实现创新融合，落实“创新引领行动”。秉承创新创效理念，聚焦科研创新，充分激发创新活力。打造以党员为引领、技术骨干为主力、青年员工为辅助的技术创新团队，形成“以强带弱、整体提升”的工作局面，不断提升科技创新能力，探索出一套在科研项目策划、实施、管控和评价等各环节都依托党建抓科研促创新的方法。聚焦电网发展形势，集中开展科研攻坚克难，不断加强技术钻研，抢占技术高点，提升核心竞争力，在业内率先开展了输电线路架空地线直流融冰、高海拔地区复合材料输电塔应用、电力共享铁塔等关键技术研究。

三、成果成效

（一）固本强基，不断提升党建工作质量

云南院电网线路党支部积极开展金沙江白格堰塞湖灾害抢险

“四融合、双提升”以其内涵丰富的党建元素与务实有效的“五大行动”载体，成为电网线路党支部广大党员干部职工提升真抓实干能力、磨砺作风品格、推进创优创效的“根据地”，让广大党员学习交流有阵地、成长成才有保障、工作开展有舞台。进一步扎实推动电网线路党支部健全基本组织、建强基本队伍、开展基本活动、落实基本制度、强化基本保障等工作的落实，切实把党支部建设为宣传党的主张、贯彻党的决定、领导基层治理、团结动员群众、推动改革发展的坚强战斗堡垒。支部在坚持党的全面领导、加强党的建设、全面从严治党等各方面责任更加清晰、主体更加明确、行动更加有力，进一步压紧压实党建工作责任，进一步增强基层党组织政治功能，持续提升基层党建工作质量，为云南院高质量发展提供坚强保障。因优异的表现，电网线路党支部被评为云南省国资委“先进基层党组织”。

（二）攻坚克难，不断提升中心工作成效

“四融合、双提升”目标使电网线路党支部一以贯之建强支部，提升组织力、强化执行力、增强战斗力，有力推进了乌东德电站送出工程、缅甸Bamaw—Nabar工程、老挝Naphia工程、独龙江联网工程、鲁甸抗震、昭通抗冰抢险等一批急难险重工程的开展。尤其是在2020年新冠肺炎疫情防控时期，支部坚持疫情防控和复工复产“两手抓”，制定“一项一策”的推进方案，有利保障促进了邦康跨境联网、老挝—柬埔寨联网等项目的工作进度，其中邦康跨境联网项目，有效利用疫情管控期，仅用时14天就完成了约90公里的220千伏线路终勘工作，开创云南院终勘效率之最。

通过党员带头技术攻关，电网线路党支部率先在国内开展“共享铁塔”的研究，作为第一起草单位，主持申报了电力行业标准《输电线路共享铁塔设计规程》。完成了高海拔地区复合材料输电塔应用科研项目，研究成果被广泛应用在线路走廊紧张地区，凸显出节约走廊宽度、减少拆迁量、节约土地资源及保护环境等方面的独特优势。近年来，支部所在部门外部科研项目合同额实现了倍速增长，部门自主科技创新能力不断提升，科技实力稳步增强，打造了云南院在相关领域的技术优势。

[执笔人：段　然　云南院电网线路党支部书记、电网工程公司副总经理；
赵国庆　云南院党群工作部（党委宣传部、工会办公室）主任助理；
王　亚　云南院党群工作部（党委宣传部、工会办公室）主任]

点评 如何推动党建工作与生产经营深度融合，从根本上破解“两张皮”的问题，是新时期国有企业基层党建工作需要解决的重要问题。云南院电网线路党支部以“四融合”促“双提升”，通过开展五大特色党支部创建行动，推动基层党建工作提质增效。

“党员突击队”打赢工程项目“大会战”

黑龙江院发电党支部

一、实施背景

作为生产部门，如何把党建与生产融合，以党建促生产，以生产强党建，增强党建工作的实效一直是中国能源建设集团黑龙江省电力设计院有限公司发电党支部的工作重点。在探索将党建工作融入生产，互相促进、互相支撑的模式中，党员突击队作为一种行之有效的方式发挥了较大作用。2019年8月，发电部迎来了工作高峰期，七个生物质项目同时启动，并要求于次年年底全部投产，设计图纸需要在次年初完成；十几个新能源项目的规划和可行性研究需要在短期内完成。长期合作的四川川锅环保工程有限公司的煤气发电两个项目进入设计收尾阶段，现场急需图纸。时间紧，任务重。鉴于此情况，经党委批准，发电党支部成立了生物质项目、川锅项目、新能源项目三个党员突击队，并开始了为期半年的大会战。

二、主要做法

（一）领导授旗，指明目标方向

党员突击队成立之初，公司党委委员亲自授旗，并召开启动会。会上，发电部党支部书记介绍了目前的形势及成立党员突击队的必要性和重要性，鼓励大家以承担急、难、险、重工作为己任，在本职岗位和突击任务中带头学习强素质、带头干事谋发展、带头创新争一流、带头服务比贡献、带头自律树形象，以自身斗志和先锋模范作用影响和带动身边干部群众，为圆满完成企业中心工作而努力奋斗。党员突击队的队员深受鼓舞，表示将勇于担当、迎难而上，保质保量、不打折扣完成党组织交给的任务。

黑龙江院发电党支部突击队授旗仪式

黑龙江院发电党支部突击队负责人与领导合影

（二）狠抓细节，工作做到实处

为了将党员突击队的作用真正发挥，各突击队在完成急难险重任务

突击队讨论方案

时，都会提前召开分析会，把工程中的重点难点任务清单化，具体安排落实到人，完成时间落实到天。分析会上，大家把困难问题摆在桌面上，细抠每一个细节，将问题落实落细。

针对生物质项目容量相同、具备一定可套用性的特点，支部指定专门的党员同志负责项目间同类型图纸的整理联络工作。针对川锅工程处于设计后期，需一面与现场及厂家沟通，一面开展设计的实际，组织专门的党员负责对外统一沟通，了解现场需求情况，及时调整设计顺序，避免重复工作。新能源项目规划可研时间紧、工作繁复，需反复调整报告，几名党员主动承担了各专业报告的初步合稿和审核工作，为专业编制报告节约了时间。

由于工作量大，一批刚参加工作一两年的年轻同志也加入了设计队伍，承担了一些卷册的编制。为了加快设计速度同时保证设计质量，突击队队员与年轻同志组成帮扶对子，采取“人盯人、手把手”的方式，带领年轻人更好地投入工作。

（三）及时反应，有效应对挑战

虽然党员突击队开展了大量准备工作，但实际工作中还会遇到一些突发问题，需要及时调整计划。党员突击队除每周召开一次碰头会外，每个突击队都设有专门的信息收集员，负责核对安排和调整计划。

2020年年初，一场突如其来的疫情打乱了全国人民的生活，也打乱了本来稳步推进的发电部生产工作。当时正赶上春节假期，很多同事都回到老家过年。形势紧迫，发电部党支部书记紧急召开部署会议，要求突击队成员在做好个人防护的前提下，提前结束休假，尽快返回工作地开展工作；同时，为全体员工开展远程办公提前做好准备。两天内，突击队员全部回到工作岗位，投入到紧张的工作中。为了克服远程办公带来的不便，发电党支部利用网络会议、视频通话、微信群等工具组织大家开展专业间配合，同时解决大家生活上遇到的难题。在党员突击队的带动下，尽管面临疫情防控的巨大压力，发电部还是按期完成了900余册施工图纸的设计任务。

三、成果成效

在发电部党支部全体党员的共同努力下，七个生物质工程设计顺利结束，川锅项目图纸全部到达项目现场，新能源项目设计成果提交业主并通过初步审查。四川川锅环保工程有限公司、华能萝北风力发电有限公司、辰能集团等业主单位纷纷发来感谢信，对黑龙江院设计人员在项目中做出的成绩给予充分肯定，对黑龙江院保质保量及时完成图纸设计给予高度的评价。

（执笔人：宋振宇　黑龙江院发电党支部副书记）

点评 项目执行遇到高峰期！设计图纸必须限期完成！十几个项目规划同期进行！……当这些困难问题集中扑面而来时，黑龙江院发电党支部党员突击队凝聚人心、汇聚人力，让大家看到了党员突击队不仅仅是一面旗帜，而且是一批干实事、挑大梁、担重任的人，在打赢工程项目“大会战”上贡献了智慧和力量、发挥了中坚作用。

以“学习、实践、创新”促进数字化转型发展

东北院智能化分公司党支部

一、实施背景

中国电力工程顾问集团东北电力设计院有限公司智能化分公司党支部身处本企业数字化转型前沿阵地，在所属党支部主题党日、党课学习中始终注重学习党和国家大政方针，把握核心要义，领会精神实质，并应用到工作实践中。针对国家“十四五”规划中“加快数字发展，建设数字中国”的部署，以及中国能建《若干意见》中关于“突出抓好科技创新与数字化转型”的工作要求，智能化分公司党支部在“学习、创新、实践”中促进数字化转型发展，为企业未来发展提供智力支撑。

二、主要做法

（一）以党建统领为核心，筑牢支部堡垒

东北院智能化分公司党支部始终把党的建设摆在首位，在实际工作中不断强化思想政治引领，深入学习习近平新时代中国特色社会主义思想、党的十九大和十九届历次全会精神，紧密围绕生产经营中心工作，不断探索和丰富党建新模式，通过支部联创、党史慕课等方式，将党组织活动与生产经营管理紧密结合，实现目标同向、互促共进，切实提升了党建价值创造能力。

党支部以党建统领为核心，以强化支部堡垒为目标，先后多次与国家

电网、中国移动等企业党支部开展联创活动，通过“理论同学、品牌同筑、成效共享”方式，互相交流先进党建经验，充分发挥支部战斗堡垒作用。通过长期合作和联创活动，逐步建立起常态化机制，搭建了“5G+电力”、数字化业务、智慧城市等多个合作平台，共同实现高质量党建推动高质量发展的目标，做到增进友谊、携手共进、合作共赢。

（二）以党建赋能为引擎，打造精品工程

东北院智能化分公司党支部扎实开展党史学习教育，牢记国企初心使命，着力促进党建赋能生产融合发展，打造具有核心竞争力的精品工程。

国网蒙东电力通信系统建设项目，是超大型综合通信站，规模为同类工程之最。工程涉及专业系统较多、施工难度大、现场情况复杂。面对这些困难，党支部抽调党员组成先锋队，前往施工现场调研。党员先锋队一方面配合现场单位解决诸多难题，另一方面以问题为导向开发多项专有技术和实用新型专利。工程融入“绿色、低碳”理念，应用自主研发的空调节能控制器，能有效降低机房能耗，在中小型数据中心、通信机房、电子信息机房等应用领域前景广阔。

东北电网系统保护建设工程，是东北电网三省一区首次建设集中频率紧急控制系统、次同步振荡监测控制系统和稳态电压控制系统，是目前国网内规模最大、地域分布最广、站点数量最多、电源类型最多的安全稳定控制系统。鉴于工程的特殊性，党支部组织成立党员先锋队开展攻关。他们在该工程提出了多项“首创”：首次提出了东北电网直流协调控制建设方案；首次提出了东北电网不同类型电源间的协调控制方案；首次提出了“分组+轮询”的稳控策略，保证各电厂间切机公平性；首次提出了东北电网最小风电过切方案，保证最小电源损失和最优控制效果。工程提高了鲁固直流输送功率，缓解了东北地区电源盈余问题，增加了风电等清洁能源接纳水平，提高了电网跨大区资源配置能力，保障了电网安全稳定运行。

在党支部的领导下，支部成员始终不忘初心、牢记使命，将集体智慧

融入一项项“智慧能源、智慧电网”精品工程，建成的项目和积累的成果将有力支持“30·60”双碳目标的落地。

东北院智能化分公司党支部收到客户锦旗

（三）以党建创新为动力，积极推动转型

自组织机构调整以来，东北院智能化分公司党支部认真学习贯彻国家战略规划，紧密围绕东北院“国际一流工程公司”愿景，认真贯彻落实企业转型发展的决策部署，聚焦数智化领域发展机遇，在“七网融合”中寻找机遇、谋求发展。

一是以业务转型带动科技创新。在向数智化转型过程中，改变以往单一注重传统设计业务，将业务重心逐步向数字化智能化的总承包业务和新型电力系统构建业务转移，致力于打造具有东北院特色的技术方案和特色产品。2021年，顺利完成首个独立自主开发的吉林龙源电力省级监控中心总承包项目。项目执行过程中，党支部开展“党建+工程”主题党日活动，坚持用党的创新理论指导创新实践。创新研发了适用于小型总承包工程的数字化管理平台，完成了机房管理平台统一化、集中化、智能化改造的相关设计，打造了安全、稳定、高效的新型数字基础设施。

二是以可研成果转化创造价值。党支部深刻学习领会“价值创造”的深邃内涵，改变以往单一注重科技项目理论研究，在将科研成果转化成智慧产品、提升方案竞争力的同时，进行市场化推广。如分公司以机房节能控制器的研发及成果转化为牵引，正打造具备东北院特色的数据中心节能技术方案和特色产品，在新开发项目中进行市场化应用，带动了总承包业务发展。

目前，智能化分公司党支部正全面贯彻东北院党委部署，进一步将业务向非传统领域和行业上下游延伸，不断拓展业务增长空间；同时重点布局数据中心、智慧城市、智慧社区、无线通信领域，积极开发参与东数西算工程，开发与创新应用并重，持续为东北院贡献新的增长点。

东北院智能化分公司党支部与龙源项目业主合影

三、成果成效

东北院智能化分公司党支部积极呼应时代需求，持续创新党建工作方式方法，全员创优争先、精益求精，力求打造核心竞争力，取得累累硕果。智能化分公司获得电力行业、省级优秀咨询成果和工程设计奖28

项，近三年主编参编的国家、行业和企业标准36项，开展各类科技项目15项，累计发表论文41篇，获得中国电力规划设计协会颁发的专有技术证书3项，实用新型专利1项，获得各类行业协会科学技术进步奖和创新成果奖4项，连续8年获得东北院“质量优秀部门精锐奖”。党支部被评为长春市国资委 “先进基层党组织”。智能化分公司通信室被评为中国能建“先进班组”。

东北院智能化分公司获得中国能建年度文明单位称号

（执笔人：韩嘉睿　东北院智能化分公司党支部）

点评 思想上自觉，行动上紧跟。面对数字化转型的时代需求，东北院智能化分公司党支部以国家“十四五”规划为指引，切实强化党建引领创新，充分发挥支部战斗堡垒作用，持续打造智能化核心竞争力，深耕国家重要战略市场，不断拓展业务领域，为企业改革发展贡献力量。

聚焦“一条线一原则一核心”打造廉洁价值型党组织

西北院安质与采购中心党支部

一、实施背景

国有企业是中国特色社会主义的重要物质基础和政治基础，是党执政兴国的重要支柱和依靠力量。为实现国有资产的增值保值，通过专业化、集约化的采购管理降低企业生产成本，成为国企改革试点方向之一。

中国电力工程顾问集团西北电力设计院有限公司于2016年成立采购中心。面对成立之初出现的制度不健全、职责不清晰、管理不到位等情况，如何打造一支具有创造力、凝聚力和战斗力的团队，成为新部门必须解决的首要问题。在西北院党委的正确领导下，安质与采购中心党支部提出了创建运营采购党员责任区的想法，以开展创先争优主题实践活动为契机，以“党建+业务发展”有效融合为引领，聚焦“一条线一原则一核心”，开展了一系列实践活动，取得了良好效果。

二、主要做法

（一）聚焦“一条线”，筑牢廉洁从业底线

习近平总书记指出，党员、干部要筑牢思想防线，时刻自重自省自警自励，慎独慎微慎始慎终，做政治信念坚定、遵规守纪的明白人。安质与采购中心党支部在运营采购党员责任区从改造主观世界入手，加强党员干部党纪法规学习，构筑廉洁从业底线。

1. 规章再学习，拧紧思想弦

组织开展“学党章党规、学制度禁令”活动，邀请纪委书记围绕《中国共产党纪律处分条例》讲授专题党课，结合采购业务特点，对党的廉洁纪律所列举的负面清单进行详细解读，帮助党员做到知责、明责、履责、尽责。

2. 警示再教育，筑牢红底线

组织党员干部观看反腐倡廉宣传教育片，参观学习西安碑林博物馆廉政教育基地，开展党风廉政警示教育专题实践活动。通过一件件真实发生的腐败案例，全体党员接受了一次思想和灵魂的洗礼，受到了深刻的警示教育。

西北院安质与采购中心党支部开展现场廉政教育

3. 认识再深入，激发内驱力

坚持问题导向，有针对性开展廉洁从业教育活动，对照党风廉政建设和廉洁自律要求，结合工作职责，组织运营采购部全体党员及重要岗位同事认真撰写廉洁从业书，推动党员干部树立正确权力观、地位观、利益观，进一步筑牢反腐倡廉思想防线。

西北院安质与采购中心党支部开展主题党日活动

（二）聚焦“一原则”，保证采购业务依法合规

采购管理是个高风险、高敏感性、多学科交叉的综合性管理工作，内部相关部门多、外部环境复杂、综合技能要求高，党员干部更要从思想上增强遵纪守法意识、敬畏意识，筑牢拒腐防变意识。安质与采购中心党支部在运营采购党员责任区融合开展政治培训和业务培训，努力培养政治可靠、坚持原则、精通业务的骨干人才。

1. 正本清源，保证廉洁合规

责任区结合采购中心年度培训计划，首先安排骨干党员加强采购培训再学习，特别是招标管理办法、非招标管理办法、单一来源采购管理指导意见等相关制度。同时带动其他业务人员学习采购多专业综合性技能知识。其次在责任区党员群众集思广益，邀请财务管理部、审计部培训财务知识、审计要求，帮助业务人员深入理解采购依法合规的内涵及做法。

2. 制度保障，筑牢廉洁合规防火墙

责任区组织骨干党员对采购管理制度进行补充和细化，畅通运营采购管理的“毛细血管网”，使运营采购管理工作能规范到各个环节、各个方面，从制度上杜绝可能出现的堕落腐败等问题。在部门前期无实际工作指导手册的情况下，骨干党员发挥主观能动性，依据中国能建、中电工程以及公司相关制度，以运营类采购业务为主线，以采购依法合规为目的，以服务保障公司运营为宗旨，陆续编制完成了7个运营类采购管理相关办法，实现了运营类采购管理范围和流程全覆盖，用制度流程筑牢采购廉洁合规的防火墙。

（三）聚焦“一核心”，实现采购业务降本增效

国有企业首要的职责，就是实现国有资产保值增值。近年来，随着总承包业务比例的不断提升，采购部门成为西北院降本增效的急先锋。但电力行业采购有别于其他行业，由于专业性强，集中度高，采购业务有其自身的行业特点。在这种情况下，责任区组织骨干党员开展调研分析，通过召开业务会和基层党员大会开展集中研讨，快速厘清部门工作职责，摸索出工作方法，并不断迭代升级，推动了采购业务能力持续提升，降低了企业采购成本，实现了企业利益最大化。

三、成果成效

通过骨干党员冲锋在前，积极分子与业务骨干引导加强，借助业务培训会和党的主题生活会等载体，开展廉洁教育、健全制度、理顺需求、再造流程、建设平台等一系列实践活动，运营采购党员责任区取得了丰硕成果。截至2021年年底，在运营采购管理信息系统上实施完成签约490多项采购项目、1900多项框架协议/单价合同订单，平均降本增效率约为5%。基于责任区工作完成的管理创新课题《基于集中采购管控模式的运营采购信息化管理创新建设及应用》荣获第九届全国电力企业管理创新论文

大赛二等奖。采购中心运营采购管理工作表现优异，得到上级单位的高度认可，并多次取得中电工程“采购管理先进单位”“采购管理优秀工作者”等荣誉。

（执笔人：李仁海　采购中心运营采购部 采购经理）

点评 采购管理作为依法合规运营的重点领域和关键环节，更应筑牢红线底线。西北院安质与采购中心党支部聚焦“一条线一原则一核心”，持续强化法纪意识，坚守忠诚干净担当，保证了采购流程依法合规，提高了采购管理效率和效益，支持了企业主营业务开拓与内部综合保障，实现了采购降本增效的核心价值，打造了一个廉洁价值型的基层党组织。

在“气化湖南”中攻坚担当

湖南院化工院党委

一、实施背景

2020年4月，湖南化工设计院有限公司（以下简称化工院）加入中国能源建设集团湖南省电力设计院有限公司（以下简称湖南院），融入中国能建大家庭。按照湖南院党委做“价值创造引领者、企业文化践行者”的要求，化工院党委积极营造“崇尚实干、狠抓落实”的工作氛围，提升管理水平、增强技术能力、开拓新型市场、强化专业品牌，让执行力成为“二次腾飞”的加速器。

“气化湖南”工程是湖南省委省政府的重大战略决策，是一项民生工程、发展工程、环保工程和战略工程，对建设富饶、美丽、幸福新湖南具有重要意义。化工院党委高度重视这一湖南能源产业的龙头项目，积极参与“气化湖南”工程建设，承担了长沙至常德、湘潭至衡阳天然气长输管线工程，永州输油管道改迁工程和邵阳—洞口—新宁、邵东—双峰输气管道工程等项目的勘察设计及相关技术服务工作。在项目实施过程中，化工院党委发挥党建的引领作用，推动党建工作与生产经营深度融合，带领参建党员勇于担当，攻坚克难，解决了一项项重点难点问题，得到了湖南省能源局、湖南湘投控股集团、湖南省天然气管网有限公司的一致好评。

二、主要做法

（一）充分发挥党组织战斗堡垒的主导作用

党旗飘扬，强化堡垒功能。化工院党委结合实际，利用红色资源现场学、结合生产立体学、总结提炼深度学，深刻感悟革命先辈艰苦奋斗、敢为人先的精神，在红色基因的涵养中积极探索党建工作与经营生产工作的融合方式。在湖南院“树工程化思维、促二次腾飞”的发展背景下，化工院党委始终围绕经营生产的整体工作目标做好党建工作规划，设立党员先锋岗和党员标准岗，带头抓好重点工程、干好经典项目，坚守在经营生产一线的党员骨干迸发出“撸起袖子加油干”的拼劲，充分发挥党员的模范带头作用。各支部根据生产经营的形势，对各专业技术团队加强组织管理、做好统筹安排，让技术骨干凭借专业领域的执业水平和丰富的项目经验，充分发挥专业实力，调动专业领域资源深化协同协作，不断提升工程化思维能力，高效解决工作中的重点难点问题。

湖南院化工院召开“撸起袖子加油干”表彰大会

为打造市场创新标杆项目，化工院深入开展“施工图设计文件质量管理专项行动”，加强设计过程控制和中间审查，杜绝强条事故出现，始终坚持以先进的工艺、科学的管理、优质的服务赢得客户的满意。以在生产经营工作中取得的实际成效作为检验党建工作的标准，不断促进党建工作与经营生产工作深度融合、协同发展。

在彭德怀故居宣讲《弘扬彭总精神 助力化院腾飞》党课

（二）充分发挥党建窗口优势促进经营工作

党建引领，促进经营发展。经营工作的重点突破口在于发挥对外窗口作用，化工院党委站在生产业务发展的全局高度，积极筹划与业务单位开展党建共建活动，先后与湖南湘投天然气投资有限公司等相关单位一起组织党员学习教育，形成同在党旗下、共谱事业篇的合力效应。在党建引领下，化工院一大批专业技术人才已成为省、部级及行业各类专家库资深成员，为政府相关部门提供规划、咨询、评审、设计等全方位综合技术服务，与省发改委、住建厅、工信厅建立良好的政企平台关系。借鉴湖南省能源规划研究中心的成功经验，积极参与化工产业、危化品、天然气等规划工作，全方位服务湖南发展战略，发挥政府智库作用，提高行业影响力和话语权。作为油气储运专业设计单位，承担了湖南石油及天燃气发展规划的研究、编制工作，先后编制了《湖南省天然气中长期利用发展规划》《湖南省“十三五”天然气规划》《湖南省“十四五”石油天然气规划》。

气化湖南项目组党员示范岗

（三）充分发挥党员骨干的先锋模范带头作用

党员带头，发挥模范作用。化工院作为化工、油气输配、燃气、医药等领域技术水平湖南省内最强、全国省院居前的科技服务型单位，在工程化转型的改革发展中，树立工程化思维、持续巩固在业内的品牌效应尤为重要。专业版块的技术优势最终要在项目实施过程中发挥攻坚克难作用，党员骨干就要做表率、勇担当。湖南地形复杂，河流众多，面对管线定向穿越湘江和衡柳铁路障碍、规避地质风险等难题，化工院党委鼓励所属党支部发挥战斗堡垒功能，组织工艺党支部的党员骨干，安排专业领域的精兵强将设立重点项目先锋模范岗，发挥好党员骨干的表率作用。天燃气管道工程项目组的同志们在党员骨干的带领下，克服疫情反复、持续降雨、地况复杂、任务繁重等诸多困难，踏勘行程累计超过600余千米，结合线路投资状况不断优化方案，攻克了灰岩地质、卵石层、溶洞、地下暗河等难关，安全、高效、优质地完成各阶段目标任务。在天然气管网建设项目劳动竞赛活动暨新建项目进度表彰中，取得湖南省新建项目施工单位组第一名的好成绩，并荣获“2021年上半年优胜单位”称号，最终获得“优胜EPC承包商奖”，诠释了勇于拼搏的担当精神，彰显出共产党员的精神风貌。

三、成果成效

党建强根，促高质量发展。展望“十四五”，高质量发展才是企业的根本。在化工院党委的带领下，各党支部积极承担经营生产工作的重点难点任务，在技术综合服务方面坚持做到站高一阶、先行一步，始终坚守“年度任务不减、任务目标不变、工作标准不降、质量精益求精”的工作原则，不断提升项目全过程管理能力。与2020年相比，化工院2021年设计咨询业务增长50%，总承包业务增长230%。2022年业务保持稳步增长，在省内、省外、国外均签订有设计咨询及总承包合同。

开启新征程，彰显新气象。化工院将在上级党委的坚强领导下，朝着质量效益型、科技创新型、具有综合竞争力的工程公司的发展方向砥砺前行，呈现出“党旗飘扬千帆劲、凝聚活力万象新”的奋进局面。

［执笔人：刘　宁　湖南院化工院综合管理部（党委办公室）副部长］

点评 化工院作为湖南院通过混改实现并购的重要新生力量，有效拓展湖南院的业务板块，激活了一池春水。化工院党委积极融入湖南院大家庭，充分发挥支部战斗堡垒作用和党员先锋模范作用，树立工程化思维，加快转型步伐，以“撸起袖子加油干”的劲头，在“气化湖南”等重点民生项目中，担重任、挑大梁，切实将党的政治优势转化为企业的发展优势，得到行业内一致好评。

“两争当”“六带头”助力国际业务

山西院国际工程党支部

一、实施背景

中国能源建设集团山西省电力勘测设计院有限公司国际工程分公司作为山西院境外业务开发“窗口”部门，承担着推动国际业务开发、人才团队建设和协助国际项目执行的多重任务。

国际工程党支部成立以来，支部就“如何使党旗在基层一线高高飘扬”“如何使党员更好发挥带头作用”“如何凝聚战斗力”等课题一直进行摸索和思考。2021年年初，党支部深入开展了“两争当”“六带头”活动，引导党员在生产发展上带头、在思想政治上带头、在遵纪守法上带头、在廉洁自律上带头、在攻坚克难上带头、在管理创新上带头，鼓励其真正做到在工作中争当生产模范，争当技术骨干，为海外业务发展助力，为企业稳健增长添彩。

二、主要做法

（一）服务一线强市场，抓好党建促开拓

国际工程党支部找准市场开拓、项目实践和党建工作的结合点，让优秀党员做到以身作则、冲锋在前，在广大员工面前竖起了一面面旗帜。自新冠肺炎疫情发生以来，国际工程党支部先后派出11名党员奔赴一线、驻守一线、服务一线，为市场开发和项目履约排忧解难。特别是在某地项目

建设期间，面对连日暴雨导致的路基塌陷、海运费暴涨、海运时间无法保证、新冠肺炎疫情期间人员流动受限等众多不利因素，党支部第一时间召开党员大会，号召全体党员要在生产发展上带头，在思想政治上带头，并组织党员集思广益、付诸行动，积极协调各方资源。在党支部带动下，在党员之间高效协同下，不仅克服各种困难、攻破各项难题，确保了项目信息流、资金流、货物流的畅通，更是实现了山西院在当地市场的滚动发展。

国际工程党支部党员前往海外一线

（二）理论学习筑思想，共同进步促发展

按照“强理论，筑思想，促发展”的工作思路，国际党支部书记带头组织开展理论学习，将党的理论和国际业务知识有机结合。通过月月讲、人人学，让每一位党员更加了解党的最新大政方针，深化对党的理论知识认知，以更强的理论武装指导工作。面对百年未有之大变局，党支部在组织党员学习时一方面深入理解“和平与发展”仍是当今时代的主题，另一方面特别强调风险和合规意识，要求全体党员更要在遵纪守法上带头，在廉洁自律上带头，在攻坚克难上带头，持之以恒地以市场开发和项目履约方面实现价值创造。

针对国际业务深受新冠肺炎疫情影响之时，党支部组织开展了多次专题研讨，围绕“为什么我国的开放大门会越来越大”和“经济全球化不可逆”等主题展开热烈交流，在自主学习、认真思考、交流讨论中坚定发展信心，明确了国际业务发展的突破点和业务增长点。这种支部学习讨论，帮助党员强化了进取精神，扩大了国际视野，提升了综合素质，为国际业务后续发展打下了坚实基础。

国际工程党支部书记将政治理论与国际业务有机结合讲授党课

（三）明确岗位树职责，创新管理提效益

在国际业务推进中，海外业主方需要既懂商务又懂技术的综合性人才进行配合，以降低与业主的谈判时间和沟通成本，提高工作效率。国际党支部以“争当生产模范”“争当技术骨干”为目标，要求全体党员带头，采用“一对一”服务方式，即一个市场人员对一个投资方或者一个项目负责，而不再以原有国别划分，实现了管理模式的创新。同时内部开发模式调整为市场人员直接对业主或项目负责，国际商务人员和技术人员对市场人员负责，形成了一个快速响应的链条，避免了信息多头交叉，实现了管理控制集约，有助于加快项目签约落地节奏，也有效节约了技术人员前方投入力度。通过这样的人才培养模式，在党员示范作用引领下，目前国际工程党支部大多数市场人员已具备“既懂商务又懂技术”的综合素质，为山西院国际业务高效开展提供了重要的人力保障。

三、成果成效

作为山西院转型发展的“急先锋”，山西院国际工程党支部全体党员紧密团结，激发集体智慧的巨大潜能，共谋发展革新，勇敢面对一次次挑战，极力攻破一道道难关。国际工程党支部充分发挥战斗堡垒作用，在越南新能源市场取得新突破，成功签约越南Hanbaram 117兆瓦陆上风电，Yang Trung 145兆瓦陆上风电以及Huang Hai嘉莱100兆瓦陆上风电等一批项目，2021年完成签约额39.77亿，同比增长82.26%。

凭借“两争当”“六带头”凝聚的强大执行力和良好的工作业绩，山西院国际工程党支部被中国能建命名为“第二批基层示范党支部”，并荣获中电工程“国际市场杰出团队”、山西院“2020—2021年度先进党支部”等称号。

（执笔人：李一帆　山西院国际工程党支部宣传委员）

点评　“在家千日好，出门一时难”，跑国际业务，更是难上加难！山西院国际工程党支部以“两争当”“六带头”，找准党建工作与国际市场开拓、项目实践的结合点，锤炼思想、锻炼队伍、展示风采，推动了国际业务快速增长和企业转型发展。

“党建＋”凝心聚力　外埠展现风采

天津院管理第二党支部

一、实施背景

中国能源建设集团天津电力设计院有限公司管理第二党支部是由该院内蒙古、雄安新区等外埠分公司党员组成的基层党组织，具有人员分散、管理距离远、生产经营任务繁重等特点。近年来，该党支部聚焦“五强两到位”支部建设目标，以“党建+”为切入点，夯实阵地，铸造精品，充分发挥党支部战斗堡垒作用和党员先锋模范作用，助力天津院完成多项生产任务。

二、主要做法

（一）“党建+学习”，把稳思想之舵

天津院管理第二党支部坚持以习近平新时代中国特色社会主义思想为指引，深入宣贯党的十九大和历次全会精神，积极组织开展思想理论学习。考虑到外埠分公司工作实际、属地防疫形势、当地工程开展的作息习惯等多方因素，党支部主要通过“线上线下”“渲染教学”等学习模式，组织党员用学习武装头脑、指导实践、推动工作。党支部还积极利用外埠分公司所在地的红色资源，组织党员赴白洋淀抗战纪念馆、雁翎队纪念馆、冉庄地道战遗址参观学习，实地学习“生动的教材”，现场体验“行走的党课”，增强了学习效果。

天津院雄安分公司开展主题党日活动

（二）“党建+生产”，夯实阵地之基

围绕企业改革发展和外埠工作实际，党支部坚持“认领、分解、实干”工作理念，形成了党建引领、党员牵头、项目依托的党建融入生产工作模式。在参与呼和浩特供电局“十四五”配电网规划时，党支部实行党员责任制，组织党员成立项目攻坚小组，主动认领急难险重任务，让党员走在前列、干在实处。党员在规划编制过程中，充分发挥模范作用，与其他员工通力协作，带头完成了建立远景目标网架图、“十四五”分年度过渡网架图和编制项目清册等重点任务，为呼和浩特供电局“十四五”配电网发展提供了智力支持。

（三）“党建+抗疫”，扛起担当之责

2020年，全民战“疫”，共克时艰，在大战大考前，党支部心系雄安新区能源建设，迅速组织成立雄安新区党员突击队，本着客户至上、优质服务的经营理念，利用远程办公手段，与国网雄安新区供电公司通力配合，与工程项目相关单位进行积极沟通，保障各项工程稳步推进。2021年1月，河北新冠肺炎疫情再次暴发，党员突击队发挥模范先锋作用，全员

天津院雄安分公司党员在工程现场

留守雄安新区，严格落实各级防疫政策，打响雄安新区“十四五”开门攻坚战。党员顶住疫情的压力，克服多重困难，专心钻研能源互联网技术，践行新区的新理念、新思路、新标准，参编雄安新区电力用户用电导则等多项规程规范，承揽开展了多项输变电工程勘察设计，有力保障了作为“千年大计 国家大事”的雄安新区能源建设。

（四）“党建+人才”，培育后备之力

党支部坚持“双培养”模式，通过党员突击队、党员攻坚小组、党员示范岗等多种形式，发挥“传帮带、师带徒”作用，把党员培养成业务骨干，把业务骨干培养成党员。党员业务骨干以良好的政治觉悟、过硬的专业技能带领新员工逐渐适应工作岗位，再将业务技能优、党性修养好的业务骨干培育成党员。雄安新区分公司李壮同志被评为国务院国资委2018年度“中央企业优秀共青团员”，后被推优入党。党支部通过树先锋、立模范、育新人，形成了奋发有为、积极向上、团结互助的良好风貌。

（五）“党建+战略”，彰显央企担当

在国家制定“3060”双碳目标的大背景下，管理第二党支部的内蒙古

分公司紧跟国家战略，响应集团号召，持续发挥支部战斗堡垒作用，党员齐心协力，在稳步拓展传统勘察设计业务的同时，推动部门积极向综合能源工程公司转变。分公司逐步开发了新能源领域业务，与内蒙古当地投资方、资源方签署多项战略合作协议，并积极在呼和浩特、鄂尔多斯、乌兰察布、锡林浩特等地区尝试集中式光伏、风电及吉瓦级基地项目开发建设，取得了积极进展。

三、取得成效

管理第二党支部以“党建+”为引领，以工程为载体，支部党员深扎一线，亮身份、做表率，苦练技术基本功，攻克多项技术难关，为“外埠”党支部的管理摸索出一条成功的道路。在党建引领下，党支部所在的外埠分公司成功承接雄安新区十四五电力与能源专项规划，顺利承接容东片区D2组团安置房及配套设施项目输变电工程等总承包项目，实现在所在地区的生产经营一体化发展。党支部被评为中国能建“先进基层党组织”、中电工程“先进基层党组织”，雄安新区分公司荣获中电工程“青年文明号”。多名党员被评为中国能建“优秀共产党员”、中电工程“优秀共产党员”、全国电力工程行业优秀工程师。

（执笔人：李昕东　天津院招标专责 高俊海 支部书记）

点评 只有找准切入点，基层党支部工作才能取得事半功倍的效果。天津院管理第二党支部以“党建+”为引领，以工程为载体，组织党员深扎一线，通过开展党员突击队、项目攻坚小组、“师带徒”等工作，推动了生产经营目标的实现，为“外埠”党支部的管理摸索出了一条成功的道路。

党建引领，战疫情、抓生产、保供应

新能源公司综合能源分公司党支部

一、实施背景

新能源公司综合能源分公司党员在罗甸项目现场设计

2020年4月，新冠肺炎疫情还在全国肆虐。中国电力工程顾问集团新能源有限公司综合能源分公司接到紧急任务，为了有序推进复工复产，保障产业链供应链安全稳定和能源供应，要在短期内完成贵州罗甸高里100兆瓦农业光伏发电项目的施工图设计，以满足项目建设和并网需要。

该项目场区地形起伏、复杂多变，沟壑、陡坎等突变地形众多，整体坡度大于30°，局部大于45°，朝向各异，地形高差超过400m，属于特别复杂的山地项目。面对项目环境复杂、设计时间有限、图纸精度要求高、疫情防控压力大等困难，综合能源分公司党支部的党员主动请缨，成立罗甸高里光伏发电项目现场设计“党员先锋队”。综合能源分公司党支部书记亲自带队，资源、电气、土建和总图专业8名党员组成骨干力量，在“危、难、险、急”的任务面前奔赴项目现场、勇挑重任，战疫情、抓生产、保供应。

二、主要做法

（一）发挥组织优势，抓好疫情防控

大疫当前，党支部提高政治站位，胸怀“国之大者”，切实把疫情防控作为重大政治任务来抓，全面贯彻党中央部署要求，按照中电工程疫情防控办公室和当地政府的要求，坚决打好打赢疫情防控硬仗。

党员先锋队出发前，党支部及时组织队员们学习抗疫政策、防疫知识，开展心理疏导和精神关怀，帮助队员们更好地做好自身防护和心理调节。

党员先锋队达到项目现场后，党支部组织安排其与当地防疫部门、施工方加强对接，协调保障防疫物资和生活必需品，做好对队员们家属的关心问候，保障了队员们健康、安心地开展现场设计工作。

（二）不畏环境艰险，认真细致工作

虽然事先做了准备，现场环境的复杂程度还是超出了队员们的想象。

罗甸项目现场支架安装交底

在艰苦的条件下，党员先锋队员们将党员身份视为一种责任、一种荣誉，勇担重任、吃苦在前、坚持工作，在项目现场树立起岗位建功的标杆。

项目东边区域是一片茂密的森林，人迹罕至。为了让图纸上的组件布置、道路路径具有可实施性，队员们不畏环境艰险，坚持在现场实地调研察看情况。三名先锋队员披荆斩棘、探勘道路，突遇马蜂叮蛰，因毒素导致身体大面积肿胀而入院治疗。为了不耽误后续工作，受伤的队员们情况稍有好转后又继续投入到了工作当中。

场地地形坡度大，施工难度大，山体朝向各异、复杂多变，组件布置困难，设计不能有半点马虎，一旦失误将影响发电量，甚至造成工期耽误、返工重建等损失。先锋队员为此认真细致地核实了每个光伏板方阵及周边的地形情况，对现场与设计不一致的情形立即进行调整，保证了项目施工的连续性，为项目按时并网提供了坚实的基础。

（三）勇于技术创新，开展科研攻关

针对项目特点，党员先锋队坚持创新创造，开展科研攻关，提升了项目效率、质量和技术水平，增加了经济效益。

为了尽可能提升发电量，使组件充分吸收更高的太阳辐照，减少地形方位角和坡度对发电量的损失，提高项目收益，党员先锋队员组织开展了科研攻关，反复探讨组件的最佳布置形式。根据项目实际地形条件，比较传统“平行地面”布置及“水平”布置形式的优缺点，队员们最终创新提出了“山体切割、正南优化”的斜向组件新形式进行布置，弥补了传统布置方式用地面积大及方位角变化的缺点，并且使组件安装完后整体朝南并保证最佳倾角，提升了发电量，增加项目的整体收益。

新的布置形式下项目区域山体方位角和坡度的排列组合情况众多，原有的设计方法出图效率低，不能满足施工需要。队员们又群策群力，创新建立了参数化模型，编制了设计表格，实现了不同方位角和坡度情况下的自动正南排布，并能自动输出支架基础桩位坐标和标准图，减少了机械重复的工作量，提高了出图效率，也提高了出图的准确性。

为了让施工人员有更直观的认识并且具有可操作性，队员们还针对不同的朝向、坡度制做了缩尺模型；在支架安装交底时做了工装，让支架安装工人能在最短时间内保质、高效、准确掌握这种新型的支架安装方法，既保证了施工的连续性，又使得操作简便实用。

三、成果成效

在新冠肺炎疫情期间，党员先锋队员们做好疫情防控的同时积极开展设计工作，为项目连续、顺利施工提供了强有力支撑，为项目按时并网提供了保障；采用的“正南优化”组件布置形式让光伏组件能接收更高的太阳辐照值，减少了因方位角带来的发电量损失，提升了项目收益；制作的施工“工装”让施工更高效准确，也为其他山地光伏项目提供了可复制、遵循的经验。党员先锋队展现了共产党员风采，锻造了一支吃苦耐劳、敢于拼搏和奉献的队伍，受到了业主和当地政府的肯定和表扬。

（执笔人：付亮华　综合能源分公司土建部主任）

点评 战“疫”前线，新能源公司综合能源分公司党支部第一时间组成“党员先锋队”，队员们克服重重困难，积极开展设计工作，为项目连续、顺利施工提供了强有力支撑，为项目按时并网提供了保障，充分发挥了党组织的战斗堡垒作用和党员的先锋模范作用。

“1+N”联创共建赋能企业高质量发展

中南院党委

一、案例背景

当前，国有企业基层党组织在开展基层党建工作时面临着方式方法不新、与中心工作联系不够紧密、基层活力无法有效释放等问题。为了进一步激发基层党建工作活力，丰富党建活动方式方法，推动党建工作提质增效，中国电力工程顾问集团中南电力设计院有限公司党委结合实际开展了联创共建活动，将基层党组织的联创共建作为活跃基层党建工作的法宝。

二、主要做法

（一）明确联创共建的类型

为了进一步发挥党建引领作用，更好地规范基层党组织开展联创共建工作，中南院党委于2021年年初研究制定了《公司联创共建活动实施方案指导意见》（以下简称《指导意见》），明确了基层党组织联创共建的两种基本类型。

1. 外部共建

经营、生产类党支部可根据实际，依托项目工程，联合业主方、项目所在地政府、相关合作方，成立联合党支部或开展不同机构之间的支部共建，通过加强各方联系，协调项目建设过程中的资源，确保项目建设顺利进行。管理类党支部可根据工作需要，与职能对口的外部机构、组织之间开展支部共建，通过学习交流、开展行业对标等方式，促进管理水平提升。

2. 内部共建

围绕工程项目的实施或者根据不同专业间配合的需要，中南院内各党支部间可根据需要开展共建，打破内部壁垒，发挥各自优势，强化各部门在市场开发、项目建设和企业管理过程中的协同作用，推动生产经营、科技创新、安全生产、管理提升等方面阶段性目标的实现。

（二）明确联创共建的模式

为了进一步规范基层党组织开展联创共建活动，中南院党委确立了“1+N”模式，引导各基层党组织在确立联建对象后，按照“党建引领、融合内嵌、优势互补、共同提高”的原则开展联创共建活动。

“1”是指共同开展三会一课、主题党日、道德讲堂、专题研讨、党员讲堂等形式开展政治学习，是联创共建的“规定动作”。

“N”是指在开展党内学习教育的基础上，开展“自选动作”。可以通过技能培训、考察学习、座谈等形式开展业务交流；也可以围绕疫情防控、党员干部下沉社区、脱贫攻坚等方面通过成立“党员先锋队”“党员突击队”等形式组织联合活动；还可以以项目开发建设为契机，以安全生产、质量管控、廉洁防控、履行社会责任等为切入点，通过因地制宜设立“党员责任区”“党员示范岗”“党员活动室”“党建成果展”等，实现党建引领工程项目建设的目标。

共建各方通过建立常态化联系机制，互相学习借鉴经验，共同探索党建工作合作新模式，发挥各方党建工作新优势，推动党建工作与生产经营深度融合，把联创共建优势转化为企业改革发展优势。

（三）把握联创共建的关键点

1. 加强政治学习、突出党味

中南院指导联建各方在开展联创共建前要积极沟通，了解双方或各方党建工作优势，围绕重点课题开展党建工作专题研讨，以联合开展组织生活、举办主题党日等党内活动的形式，共同交流心得体会，探讨党建工作新思路、新举措，研究解决党建工作中的新问题。在开展联创共建工作中，联建各方突出政治学习，把学习贯彻习近平新时代中国特色社会主义思想作为首要政治任务，坚守国有企业“两个初衷”，坚持“两个一以贯之”，不断增强政治意识，善于从政治上看问题，善于把握政治大局，使讲政治从外部要求转化为内在主动，确保党的全面领导一贯到底、落到实处。

2. 坚持围绕中心、激发活力

中南院各基层党组织在开展创建过程中，突出价值创造，使基层党组织联创共建与公司改革和生产经营紧密结合，各方在开展联创共建活动前，会仔细分析联建各方的工作特点和重点，围绕中心工作，聚焦工作中的重点、难点问题，找准工作上的共性点和结合点，通过技能培训、座谈交流、考察学习等方式，解决工作上的难题；通过成立“党员先锋队”“党员突击队”等，集中优势力量围绕中心任务攻坚克难。

中南院党群监审党支部、采购业务党支部开展联学联建

3. 强化工作协调、会诊问题

中南院基层党组织联建各方通过建立日常工作联系制度，统筹各方力量，集思广益，排查梳理解决平时工作中的推诿扯皮问题，比如对业主方、总包方、分包方之间配合衔接存在障碍的环节进行梳理；对涉及生产部门和管理部门之间配合衔接的流程进行沟通优化；对项目开发建设中的安全生产、质量管控、廉洁防控、履行社会责任等开展充分合作等等。在院内将各自在市场开发、项目建设和企业管理方面的优势进行整合，发挥党组织的合力，达到对外资源协调共享的目的。在院外与具有业务合作关系的企业进行联创共建，针对重点工程攻坚克难，加深与业务伙伴的感情联络，促进双方合作的良性发展。

中南院宜城党支部与参建单位开展联学联建动员

中南院电网三支部与国网湖北中超公司武汉换流站支部开展联学联建

4. 注重监督考评、加大宣传

为了更好地鼓励各党支部开展联创共建，中南院在智慧党建e平台的“支部活动纪实填报”流程中专门增设了“联创共建”选项，及时掌握各支部开展联创共建活动的情况。此外，将联创共建活动开展情况纳入季度支部工作检查和年底支部书记述职评议的考核，并作为年底党内评先评优的重要参考依据。中南院还鼓励各党支部积累保存开展联创共建活动的素材、资料，及时宣传联创共建活动中好的经验、做法。

三、实践成效

自联创共建“1+N”模式推广以来，中南院先后有十几个党支部开展了联创共建。在开展政治学习的前提下，有的与业主单位联合开展专题研讨、业务交流、红色教育参观，如系统规划支部与国网华中分布规划统计部支部开展多轮联创共建，以党建促进规划业务的开展；有的与兄弟部门围绕重点项目通过成立“党员突击队”联合攻坚克难，如总包支部与发电、勘测、工程经济支部围绕重点总包项目成立“党员突击队”，充分发挥项目部党员的先锋模范作用；有的是在生产部门和管理部门之间围绕业务流程进行专题研讨，如采购业务支部与勘测支部开展共建，通过支部共建，拓宽党员的工作思路、提升业务能力，解决工作配合中容易出现的“卡壳”问题；还有的是管理部门之间进行对标提升等，实现了优势互补、共同提高，如党群监审支部与采购业务支部围绕管理提升开展共建，实现共同进步。通过联创共建活动的开展，有效激发了基层党建工作活力，提升了党支部的工作效率和管理水平，进一步增强了基层党组织的创造力、凝聚力和战斗力，有效促进了企业高质量发展。

［执笔人：韩　茜　中南院党群工作部（工会办公室）一级管理师］

点评 联创共建是新时期国企党建融合创效的重要方式，中南院党委在实践中总结提炼出“1+N”联创共建工作法，对内固本培元强根基，对外守正创新促发展，此篇工作法，为基层共建工作提供了借鉴参考。

PART 5

党建品牌篇

篇首语

党建品牌就是在基层党的建设方面的突出成果，它不仅反映了本单位党建工作特色，又能体现本单位工作性质、职能特色和服务宗旨。在企业中，开展党建品牌创建工作，主要是为了探索党建工作为企业中心工作服务的新途径。创建党建品牌，既可以丰富企业发展的内涵，健全完善企业自身的品牌体系，又可以使党建品牌成为党建工作服务于企业发展的切入点，把党建工作与企业的经营生产紧密结合起来，使之相互促进、共同提高。

党建品牌建设要坚持树立精品意识，抓好典型，突出特色，既发扬优良传统，又创新方式方法，还要坚持自身资源与外部资源统筹运用；推进支部品牌建设，就要充分挖掘具有本企业本部门特色的资源，创出富有时代特征和业务特点、展现自身特色的品牌项目，同时充分吸收其他单位、部门的经验和有效做法，取长补短，不断进步。在党建品牌建设中还必须坚持领导干部以身作则与普通党员创先争优一体联动，从而形成上行下效、整体联动的良好效应。

本次收集的10篇案例，较好地结合了党组织的优势和专业工作特点，打造了属于自己支部的党建品牌，既得到了支部党员的高度肯定，在创新载体、凝聚人心、创造效益等方面起到了积极作用，也为其他基层党组织起到了很好的示范作用。

“党员直播间”打造特色支部

中南院发电第四党支部

一、案例背景

中南院发电第四党支部党员直播间

“党员直播间，就在你身边。欢迎收看本期党员直播间，我是主持人杨文则，本期主题为绿水青山……”这是中国电力工程顾问集团中南电力设计院有限公司发电第四党支部的特色活动“党员直播间”最新一期节目正在播出的场景。

从2010年开始，发电第四党支部就坚持“党员直播间，就在你身边”的理念，致力于打造一个宣传党的方针政策和记录广大党员群众工作生活的视听节目，以“直播现场”的形式向广大党员群众传播先进事迹、生产经营情况及时事主题，让严肃的支部活动生动起来。

二、主要做法

“党员直播间”每期时长只有一个小时，但这背后却是从定主题到写剧本，再到拍素材、剪成品等一系列复杂有序、处处用心的制作过程。党员自编、自导、自拍、自剪辑，最后以“看电影”的方式呈现给大家，充分展示了党支部的工作业绩、党员的精彩事迹，体现了党支部的战斗堡垒作用和党员的先锋模范作用，促进了各项生产经营任务的完成。从第一期的主题“绿色发电”开始，发电第四党支部先后拍摄了“创新中前行的发电党支部”“身边的先锋党员”“认真学习十八大，努力开创新业绩”“岗位练兵”“青春飞扬”“一带一路”“绿水青山”等多期节目。十年来“党员直播间”形式和内容都在不断创新，从理论走向实践，从院内走向社会。

2020年起，发电第四党支部主动适应时代潮流和阅读习惯，围绕生产经营主线和痛点，以“五化”持续完善“党员直播间”特色活动，深化支部品牌建设和创新。

1. 品牌建设阵地化

当前移动应用程度越来越高，人们的阅读习惯呈现出偏爱“短频快”节奏的趋势。发电第四党支部主动转变观念，将品牌的内容呈现方式由长

中南院发电第四党支部开展主题党日活动

视频向短视频转变，审慎选择了微信视频号作为内容发布平台。党支部进一步规范了新媒体平台的运营和管理，为党员管理、学习、交流和党支部品牌建设提供了长期性的阵地。目前，视频号已相继发布了团结抗疫、建党一百周年、北海集中设计、岳阳集中设计等多期主题短视频。

2. 活动主题系列化

2020年以来，发电第四支部围绕贯彻全员经营理念和开发单项EPC市场的主线，开展了题为“转观念、提能力、创业绩”的系列主题活动，包括岗位轮换助力经营、技术创新助力经营、模式创新助力经营、环保改造助力经营等四期内容。除此以外，党支部还结合“建党一百周年”发起了“学党史、讲体会”系列主题活动，组织了多期学习和分享。系列化的主题活动，丰富了活动的形式和内涵，提升了党员学习教育的系统性，深受大家欢迎。

3. 内容格式标准化

为了实现更好的阅读和浏览，支部对短视频内容提出了制作上的统一要求，如时长、清晰度、剪辑软件等，并在党员微信群中定期发布视频剪辑好妙招，帮助大家更好地制作视频内容。标准化后，视频质量稳步提升，制作效率大大提高，往期查阅也更加方便快捷。

4. 品牌塑造全员化

发电第四党支部还联合第四团支部和分工会，在全体员工中发布了“短视频征集令”。广大职工尤其是青年员工不再只是看客、观众，也参与到“党员直播间”的品牌塑造中来。他们既是内容提供者，分享自己在工作、生活中的好做法、好经验，也是成品校审员，提出改进建议和意见。全员参与，扩大了党支部品牌建设的群众基础，为节目创新改进注入了源头活水。

5. 品牌识别体系化

在做好视频制作的同时，党支部开展了品牌形象识别、理念识别、行为识别等工作。大家一起设计品牌标识，制定品牌口号，明确品牌内涵，并应用在各个展示场合，固化在每位党员的行动中。通过体系化的品牌识别，党支部形成了完整的党建品牌体系，进一步推动了品牌建设和品牌传播。

三、实践成效

中南院发电第四党支部荣获“示范党支部”称号

经过10余年的传承与创新，“党员直播间”已成为了发电第四党支部党员学习、交流的重要平台。支部党员以看视频的形式学习理论知识，交流业务经营、展示榜样风采，推动了党建工作与生产经营深度融合。发电第四党支部持续创新的做法得到了上级党委的充分肯定，“党员直播间”于2018年被中南院党委命名为第一批党建品牌，党支部被评为中国能建第一批示范基层党支部，中电工程、湖北省政府国资委党委“优秀基层党组织”，中南院“先进党支部”“工作创新党支部”。

（执笔人：张文君　中南院发电第四党支部书记）

点评 案例创新性地以“党员直播间”的形式构建生动有趣又入脑入心的宣传阵地。支部党员自编、自导、自拍，讲自己的故事，用“看电影”的方式来学习理论知识，交流业务经营、展示榜样风采，形成了该党支部特有的文化和品牌，为其他基层党支部结合自身实际打造党建品牌、提升凝聚力提供了很好的示范。

党建做在实处，助学走向深入

西北院自动化党支部

一、案例背景

中央企业作为大国顶梁柱、压舱石，必须坚决贯彻落实党中央决策部署，把维护人民群众根本利益作为企业发展的出发点和落脚点，在履行社会责任中发挥模范带头作用。

中国电力工程顾问集团西北电力设计院有限公司自动化党支部积极打造“党建引领，爱心助学”品牌，把履行社会责任与高质量党建结合起来，用实际行动为群众献爱心、办实事。从2004年首次参加陕西省妇联发起的“红凤工程”开始，该支部坚持党建带团建，以党员和团员为骨干开展爱心助学活动，截至目前助学捐赠款项累计已达数十万元，帮扶对象超过300人。在帮扶过程中，支部党员砥砺初心使命，团员青年看到了榜样、增强了责任意识，党支部的凝聚力和战斗力得到了充分体现和加强。

二、主要做法

（一）同心同向，锚定爱心助学活动

2004年自动化党支部刚刚成立，在一次活动中有党员提出，企业是电力规划设计的国家队、排头兵，大家从事的多是重大、重点能源工程的设计，工作上与专业人员接触多，直接与社会群众打交道的机会不多，接触距离变远，联系不够紧密。党支部因势利导，通过召开支部党员大会讨

论、深入资助地现场考察、对比其他支部汲取经验、结合支部实际“量体裁衣”，最后将“党建引领、爱心助学”活动作为支部强化党建引领、密切群众联系，提升支部使命感、凝聚力的抓手，并奋楫笃行。

2004年下半年，在得知《华商报》发布“红凤工程”活动的倡议后，党支部立即与陕西妇联红凤工程办公室取得联系并商讨落实资助方案，将两名被长安大学、西安财经学院录取的女大学生作为资助对象。这是自动化党支部独立组织参与助学活动的开始。

经过四年的连续资助、帮扶，2008年夏天两名女大学生完成学业并顺利择业。首次实践让党支部积累了帮扶经验。他们认为，助学活动应扎实立足“我能做、做得好”，坚决避免“都想做，做不深”，杜绝面子工程，不能“只见口号宣传，不见行动实效”。他们还明确了开展助学活动的九字原则，即“点对点、可持续、见实效”。

（二）走实走深，强化党建引领作用

2009年起，自动化党支部不断在实践中探索、总结、改进、提升，将“党建引领，爱心助学”活动推向深入。

党支部通过开展“三强活动”，即强党员政治学习、强党员党性、强党员责任意识，提升党员的自身修养和工作能力，推动爱心助学从“想助学”向“能助学”提升。党支部还组织老党员带新党员、党员接力帮扶被资助对象，同时在帮扶中加强精神关怀和过程记录，提高帮扶效率和质量，推动爱心助学从“能助学”向“助好学”提升。之后，党支部还扩大资助帮扶范围，制订滚动资助帮扶计划，持续关心资助对象后续发展，推动了爱心助学从“助好学”向“常助学”提升。

2009—2013年，自动化党支部资助帮扶云南丽江及甘牧贫困小学生、宁夏固原初中生顺利完成学业。2014—2018年，党支部资助帮扶镇巴县仁村镇中心幼儿园开展教学，帮助当地贫困大学生顺利就读；2019年，党支部在陕西回归儿童中心挂牌成立爱心基地，并帮扶至今。

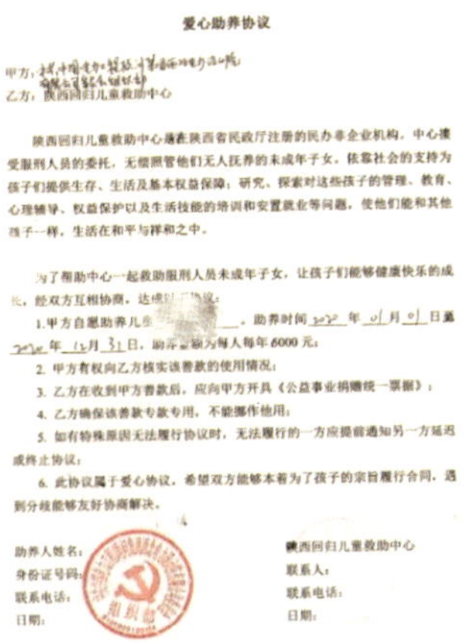

爱心助养协议

甲方：

乙方：陕西回归儿童救助中心

陕西回归儿童救助中心是在陕西省民政厅注册的民办非企业机构，中心接受服刑人员的委托，无偿照管他们无人抚养的未成年子女，依靠社会的支持为孩子们提供生存、生活及基本权益保障；研究、探索对这些孩子的管理、教育、心理辅导、权益保护以及生活技能的培训和安置就业等问题，使他们能和其他孩子一样，生活在和平与祥和之中。

为了帮助中心一起救助服刑人员未成年子女，让孩子们能够健康快乐的成长，经双方互相协商，达成以下协议：

1.甲方自愿助养儿童______，助养时间2020年01月01日至2020年12月31日，助养金额为每人每年6000元；

2. 甲方有权向乙方核实该善款的使用情况；

3. 乙方在收到甲方善款后，应向甲方开具《公益事业捐赠统一票据》；

4. 乙方确保该善款专款专用，不能挪作他用；

5. 如有特殊原因无法履行协议时，无法履行的一方应提前通知另一方延迟或终止协议；

6. 此协议属于爱心协议，希望双方能够本着为了孩子的宗旨履行合同，遇到分歧能够友好协商解决。

助养人姓名：
身份证号码：
联系电话：
日期：

陕西回归儿童救助中心
联系人：
联系电话：
日期：

中南院发电第四党支部在儿童村挂牌成立爱心基地

（三）党团协同，凝聚团员青年力量

自动化党支部成立之初，党员人数不足十人，科室青年团员人数较多。在此背景下，党支部强化党建带团建、凝聚好青年力量，不仅扩大了爱心助学活动的参与面，也助力了团员青年成长成才。

党支部青年委员牵头组织了以“爱心助学”为主题的“你说我听”“我说你评”系列活动，鼓励青年建言献策，合理意见和建议均认真吸收、积极采纳，点燃了青年的参与热情。在资助对象筛选、资助方案制定、资助活动实施三个阶段，支部党员均带领团员青年一同谋划、一同落实。

支部团员青年表示，从跟随党员落实一件件具体工作到顺利完成资助帮扶任务，团员青年不仅收获到了帮助他人的温暖快乐、激发了正能量，还树立了学习榜样，增强了对党的大政方针、对企业党建工作的认识和了解，也增强了工作的动力。

（四）用情用力，持续推进深度参与

陕西回归儿童中心是以帮助刑释解教人员早日回归社会、回归善良人生为宗旨的公益性机构，接受服刑人员的委托，无偿照管其无人抚养的未成年子女。维持中心运转的经费和物资全部来源于社会捐赠。

2020年年初，新冠肺炎疫情肆虐。当了解到孩子们面临生活物资短缺的情况后，自动化党支部主动与陕西回归儿童中心取得联系，对接需求。随后，党支部迅速组织支部党员响应落实，团员青年及群众主动请缨、分工协作。参与方案策划，转发募捐链接，联系购买物资……大家有条不紊、迅速推进各项工作，以最快的速度将急需物资送到了孩子们手里，解决了回归儿童中心的燃眉之急。

任务完成后，大家感触特别深："看到孩子们对着我笑，心里真敞亮""趁着年轻，我想在爱心助学上多做点""身为党员，我有责任做更多事情"。真情实感是最好"融入"。

中南院发电第四党支部给孩子们送生活物资

三、成果成效

十八载润物无声，自动化党支部以“党建引领，爱心助学”活动为纽带，扎实打造特色党建品牌，践行着中央企业的政治责任、经济责任和社会责任。

在党支部的资助和帮扶下，被资助的学生得以继续求学、完成学业，中途无一人辍学。党支部的凝聚力、战斗力大大加强，多次被上级党组织和西北院党委评为优秀党支部。多名优秀共青团员、职工群众以参与助学活动为起点，以支部党员为榜样，不断端正入党动机，积极向党组织靠拢。党支部党员人数从8名增加到26名，为党建工作融合提升不断注入“源头活水”。党支部的爱心助学活动还受到了公司内外的广泛关注，《陕西日报》《汉中日报》等新闻媒体相继报道，产生了良好的社会影响，助力了企业品牌形象的提升。

（执笔人：李　昉　西北电力设计院设计员）

点评 履行社会责任是国有企业的使命和担当，也是党建工作的重要内容。案例支部以“爱心助学”为切入点，不仅弥补了支部直接联系社会群众较少的不足，还以小见大，让党员更加直观地学习认识党的大政方针，参与到乡村振兴国家战略中来，砥砺党员的初心使命，提高了党支部的凝聚力与战斗力。活动还坚持党建带团建，凝聚了广大群众的智慧和力量，推动了中心任务完成和企业品牌塑造。

新能源路上的“风行者”

广西院水能水文部党支部

一、案例背景

风电是目前最具潜力的非可再生能源开发形式，是践行国家“双碳”目标及构建以新能源为主体的新型电力系统的重要手段。中国能源建设集团广西电力设计研究院有限公司积极推动新能源开发建设，培育了一批致力于将大自然的风造福大众的“风行者”队伍。

广西院水能水文部党支部作为其中一支从事规划的技术服务队伍，共有党员19名，平均年龄32岁，是一支充满蓬勃活力的队伍。该党支部以承担广西风电等新能源规划为抓手，充分利用党员队伍年轻化、敢冲敢闯的优势，全力打造党建融入生产的“4+N风行者”党支部品牌，高效发挥规划引领市场作用，牢牢把握广西院广西区域陆上风电及海上风电业务的主动权，助力企业高质量发展。

二、主要做法

“风行者”源于诠释党支部队伍在风电规划与建设征程中不畏艰难、御风而行、逆风而上的顽强意志和展现追风筑梦的美好愿望。“4+N风行者”党支部品牌，顾名思义就是以风电建设为目标，党支部抓实N种具体举措，不断提升“乘风破浪”“御风而行”“雷厉风行”“风驰电掣”4种核心品质，打造一支特别能吃苦、特别能战斗的高品质“风行者”团队。

（一）坚定“乘风破浪”的信心

行动之要，思想必须先行。党支部要做好风电规划和建设，担负起广西院风电主要技术支撑的任务，首先必须让党员们从思想上坚定能源低碳发展的信心，保有必做、必胜的决心。党支部通过党员大会、邀请专家上党课等组织生活形式，组织全体党员深入学习习近平总书记关于“双碳”目标、能源革命的重要论述，深入探讨风电建设形势，解读国家、广西“十四五”规划等发展政策。党支部先后派出多名骨干党员作为智库人才到政府部门、行业主体挂职或办公，积极参与政府顶层设计，紧跟规划，更为准确深入地吃透区域内新能源政策。党支部还结合本企业的战略规划，利用好广西能源智库的角色定位，让党员和部门员工充分认同大力发展风电建设、陆上与海上并举的重要意义。

（二）提升“御风而行”的能力

提能塑才，精兵方能强企。党支部针对队伍年轻、有冲劲、敢突破的特点，多方位、多角度组织各项业务能力培训。一是按照“三人行 必有我师”的培养思路。党支部每月定期组织经验交流会，新员工讲发现和问题、老员工谈技巧和经验，从不同视角开展风电政策解读、软件使用技巧、项目经验分享、野外工作技能等一系列培训，全面提升新老员工技术能力和业务水平。二是坚持实践出真知的培养方式。党支部牵头带队到风电场实地考察、参观，现场指导，巩固学习培训成果，引导青年党员培养吃苦耐劳、勇于挑战的意志品质。三是采用博采众长为我所用的方法。加强与专业单位的交流，每半年与区域气象专业权威单位开展1次“党建促生产”专题联建活动，共同探讨风能利用与评估的难点、痛点。四是提高站位，高端切入。党支部克服人才紧缺困难，挑选部分沟通、协调能力较强的优秀党员开展智库人才培训，着力做好政府部门、行业主体的服务工作。自承接自治区海上风电规划编制工作以来，党支部确保部门内“上下一盘棋”，协同其他部门组建以党员业务骨干为主的海上风电攻坚小组，指定党员业务精英作为与自治区发展改革委、自治区能源局联络专员，紧跟全区规划发展思路，为后续公司抢占全区海上风电业务主动权提供了有力保障。

广西院水电水文党支部党员研究新能源政策

广西院水电水文党支部组织新员工到风电场学习参观

（三）树立“雷厉风行”的作风

雷厉风行，关键在真抓实干。党支部采取“以上率下，以点及面”的有效办法，通过“领导骨干带、集智聚力跟”，打开上下联动、内外齐动的新局面。一是党支部发挥引领作用。党支部一方面抓党员队伍学习，准确把握国家和行业的政策、方针；另一方面抓市场开发，带领队伍充分发挥规划引领优势及专业优势，全力开发区内外风电市场。二是党员骨干冲锋在前。受国家加快能源转型及国补退坡相关政策影响，面对井喷式增长的风电业务，党支部成立党员突击队，主动攻关，主持完成多项重大规划及研究工作。三是大力发扬“真抓实干 马上就办”的作风。在党员的示范引领下，全部门员工形成合力，实干至上，近年年均加班近1500工日，野外作业近350工日，按时、按质完成约300余项工程各阶段设计工作，完成报告、材料近800份。特别是在自治区层面政府委托开展的《广西海上风电工程规划》《广西陆上风电建设规划》等项目的实施推进上，支部积极调配党员骨干，组建精干团队，提供专业优质服务，获得自治区发展改革委及风电投资企业的高度评价。

（四）倡导“风驰电掣”的速度

广西院水电水文党支部应急小组赴桂北山区采样风电场覆冰第一手资料

风驰电掣，关键在一个“快”字。党支部要求全员提高工作质量和工作效率，真正做到快速响应、立即行动。2008年广西遭遇罕见覆冰灾害，党支部立即成立应急小组赶赴现场采样第一手覆冰资料，查清广西境内覆冰发生的空间分布规律，为后续多次避免覆冰灾害积累了设计经验。党支部总结经验，制定了一套出现突发状况时的应急预案。党支部每年针对新员工举办应急预案讲座，讲解如遇突发状况，对接专人应如何第一时间反馈及处置，以快捷优质的服务赢得业主的信赖。针对不同项目业主的不同需求，党支部实行“一企一策”专人精准对接，建立业主服务事项落实进度工作台账，严格工作完成时限，确保承接一项，服务一项，落实一项。在确保快速反应的同时，定期开展设计回访，收集典型已建项目运行数据，虚心听取项目业主指导意见建议，为更好服务后续项目、提升设计理念提供实际项目参考。

三、实践成效

在“4+N风行者”品牌各项举措的塑造和锤炼下，党支部把“党管人才”落到实处，培养出一批政治坚定、技术过硬、作风优良的“风行者”，形成一套行之有效的党员、人才培养模式。党支部出色完成了公司广西陆上风电、海上风电相关规划、广西抽水蓄能中长期规划等各项急、难、险、重任务。党支部充分发挥规划引领优势，有效促成广西一大批陆上风电EPC、广西海上测风塔EPC、海上风电可研勘察设计、广西抽水蓄能电站全阶段勘察设计等项目签约，实现了海上风电业绩“零”的突破。近年来，党支部及党员个人多次荣获中国能建、中电工程及公司颁发的“先进基层党组织”“优秀共产党员”“市场开发先进个人”等荣誉称号，赢得了广西自治区政府及相关企业的赞誉及感谢。

（执笔人：王　乐　水能水文部党支部组织委员）

点评 案例结合业务特点，提炼和打造有特色的支部品牌；系统化地提出融入式党建品牌创建的总体方案，对党建融入生产经营进行了深入思考和探索；充分发挥党员干部先锋模范作用和支部战斗堡垒作用，有效推动项目建设和市场开发，实现了将党的建设与生产经营互促互进、品牌创建与文化塑造相辅相生的良性循环。

“互联网 +”，助力“钢芯”支部建设

江苏院电网输电党支部

一、案例背景

党支部是党的基础组织，是党在社会基层组织中的战斗堡垒，是党的全部工作和战斗力的基础。针对支部队伍年轻化、专业化特点，引入“互联网+”理念，应用信息化手段，对于发挥支部和党员“两个作用”、夯实支部建设成效具有很好的助推作用。

中国能源建设集团江苏省电力设计院有限公司电网输电党支部在3年多的工作实践中，结合自身工作性质和党员队伍结构，在用好公司党建信息化平台的基础上，逐步建立和完善支部自身信息化载体建设，走出了一条凝聚人心、发挥效能、助力生产、塑造品牌的支部党建工作固本强基、提质增效之路。

二、主要做法

（一）突出“活”，创建“钢芯”品牌，增强党员队伍活力

电网输电党支部引入“互联网”的思维模式，以实物事物抽象化的办法，积极主动进行思考，提出了支部“钢芯”品牌，并进行品牌精神阐述。“钢芯”二字取自输电线路最常用的导线“钢芯铝绞线”，导线外层由铝线输送电流，内层由多股钢丝绞合为芯承受荷重。“钢芯”蕴含了团结、进取、坚韧、奉献、传承、超越等多重内涵，昭示了“刚柔并济能负

重，初心长在敢担当”的品牌精神。

党支部确立了“聚丝成芯”“淬火成钢”“刚柔并济”“勇于担当”“初心长在”“迎难而上”六大品牌诠释，制作了品牌LOGO。

此外，党支部还开展了“支部主题党日+”“输电夜校”和运动线上打卡等支部特色活动。这些新颖的活动方式，特别受到了广大党员尤其是青年党员的欢迎和喜爱，也将“钢芯”品牌一步一步落实沉淀，提升了团队凝聚力和战斗力。

支部品牌是支部党员精神面貌的凝练，增强了党员们的归属感和荣誉感，为党员在工作和生活中提供了新的标杆。党员们对标品牌精神，检视自己的思想行为，找不足、补短板，蔚然成风。支部品牌如源头活水一般激发了支部活力。

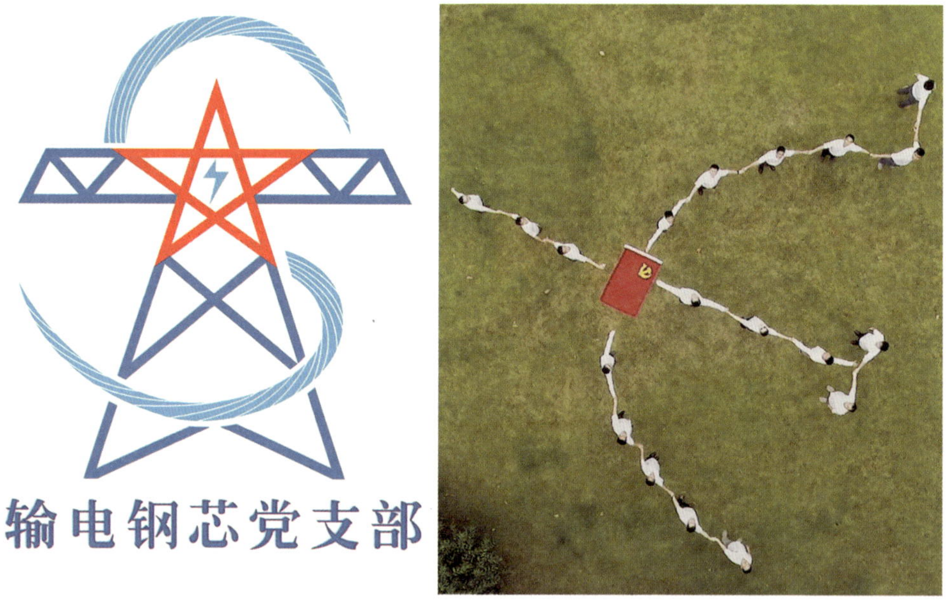

江苏院电网输电党支部支部LOGO及党日活动合影

（二）突出“实”，用好苏电e支部，提升学习教育成效

电网输电党支部充分利用“苏电设计e支部”新媒体平台，及时发布支部动态和党务公开，上传展示党员风采的微视频和报道；支部成员在网

站上阅读时事要闻、通知公告等实时材料，学习党史资料、反腐案例、重要讲话、道德讲堂等课件，实现跨时空零距离的党员学习教育。

党员们逐渐养成了每日一读的习惯，利用工作之余的碎片时间及时关注最新发布内容。在网站的“党员学习积分系统”，支部党员们的积分名列前茅，从被动学习变为主动学习。3年来，支部党员的学习达标率始终稳定保持在百分之百。

借助“苏电设计e支部”，输电党支部成员的学习方式从传统的纸媒升级为信息媒介，便利性、时效性、多样性实现了质的飞跃。学习方式的变革促进了学习效果的提升，“两学一做”实现了常态化、制度化，党的路线方针政策和决议在支部内第一时间得到传达和执行，理论学习立体化多维化。支部动态和党务公开保障了支部建设的透明度，支部党员先锋模范风采的展示形成了带动作用，党员们对企业文化也有更高的认同感。学习积分榜上党员们你追我赶，互相促进，休息时间刷抖音少了，刷e支部多了，在支部内形成了良好的学习风气。

江苏院“苏电设计e支部”网站

（三）突出“融”，做好新闻报道，实现宣传与中心相融合

2020年2月，电网输电党支部成员群策群力，聚焦重大时刻和重要工程，完成了5篇高质量的宣传报道，向社会公众传送江苏院输电人的声音，宣传内容新颖，形式活泼，在电力圈内也引起了较高关注。

这些宣传报道有直击疫情期间工作状态的“复工日记·输电部的一天”，有讲述专业发展历史的“跨越一甲子·勿忘开路人”，有跟踪重大工程进展的“世界最高输电铁塔开工·江苏院设计”，也有展现成员事迹的“四型班组风采|创新驱动·上下求索”。2020年2月，武汉疫情暴发时，党支部组织党员及群众给处于疫区的中南电力设计院制作加油打气的视频，送去了能建大家庭的温暖。

电网输电党支部做好新闻宣传报道，使得支部党员以及身边群众的事迹风采得以自下而上，由内而外地传播，党建品牌也随着内容不断传播逐步为更多人知晓。

对于支部成员来说，宣传窗口也激励着他们继续提升自我，建设支部。新的党员先锋模范不断涌现，他们在技术创新、理论学习、服务群众等方面奋勇争先，又给新闻宣传报道提供了新鲜素材，形成了良性循环。

（四）突出“新”，插上信息化翅膀，提升组织生活实效

在打造“钢芯”党支部的过程中，电网输电党支部运用“互联网+管理”模式，创新“三会一课”工作模式。在“三会一课”开展前，利用信息化手段，把参加情况在共享表格中提前统计，学习材料和会议流程在网盘中提前共享，会议、党课和党日活动得以高效、流畅进行。支部成员可以通过小程序反映自身诉求，也可以对党支部的建设提出自己的建议，形成支部成员间互通有无的桥梁。支部事务通过微信投票实行民主决策，发扬了党内民主。

目前，“互联网+管理”逐渐成为电网输电党支部党建工作不可或缺的一环。

实行新的模式后，支部党员的组织生活得到了集约化管理。党员的组织生活参与频率获得了量化统计、数据公开，支部成员之间相互监督；会议、活动的线上充分准备提升了线下效率，支部成员的会议发言更加充分流畅，会议精神得到了高效的传达。

新的管理模式也是民主集中制的体现，克服了议而不决、决而不行的分散主义，既最大限度激发了成员的创造活力，又保证了成员思想和行动的一致性。

三、实践成效

新举措实施前后，输电党支部实现了多维度的优化。单一、局限性的学习模式优化为多场景、全天候的学习模式，受众面窄、文字性的宣传模式优化为受众面广、多媒体式的宣传模式，易疏漏、难梳理的管理模式优化为数据化、高效化的管理模式。支部党员的学习效率得以提升，组织生

江苏院电网输电党支部支部党员参加凤城~梅里长江大跨越项目开工仪式

活参与度得以提高，新的举措激发他们在急难险重的任务前奋勇争先、团结一致，“钢芯”支部迸发出新的活力。

线路纵横千里，钢芯接续不断。江苏院电网“钢芯”党支部全体党员将在中国能建、中电工程及江苏院党委的领导下，初心长在，不断进取，努力绘就新时代美好蓝图。

（执笔人：赵新宇　江苏院输电党支部书记）

点评 案例支部引入“互联网+”理念，充分利用信息化手段，开展党建工作。充分利用互联网平台和工具，开展党员学习教育和党务工作，满足输电工程人员长期出差在外需要异地远程参加组织活动的需求；结合支部所在专业的特点，提出了支部“钢芯”品牌，并进行品牌精神阐述，制作了品牌LOGO，将“钢芯”品牌落实沉淀，增强了团队凝聚力，切实将党建引领力转化为生产经营推动力。

“五大工程”助推业务发展转型

辽宁院发电党支部

一、案例背景

随着我国“3060”目标的提出，“碳达峰、碳中和”工作已经成为当前和未来经济社会绿色低碳转型的重点。在这一大背景下，中国能源建设集团辽宁电力勘测设计院有限公司发电工程分公司面临着传统火力发电市场收缩、新能源发电市场竞争加剧的转型发展压力。

发电工程分公司党支部，夯实基层党建基础，开展“铸魂、培优、攻坚、聚力、引言”的“五大工程”建设，推动党建融入生产经营中心工作、引领和保障公司转型发展。

二、主要做法

（一）“铸魂工程”——转型发展的精神动力

“铸魂工程”，旨在通过完善基层党建制度、开展常态化思想政治学习等工作，夯实党员干部的思想理论基础，为分公司发展转型提供精神动力，为中心工作指引航向。结合业务发展转型需要，党支部召开了三十余次党员大会专题学习研讨，第一时间学习习近平总书记关于绿色低碳发展、能源革命的重要讲话和指示精神，贯彻落实党中央决策，以国家重大战略和辽宁省发展规划为出发点和落脚点，明确自身发展方向。

党支部结合“三会一课”制度，持续推进党史学习教育、“两学一做”学习教育，常态化宣讲优秀共产党员及劳模先进事迹，砥砺党员初心使命，锤炼了党员意志品格，推动党员牢记使命与担当。

辽宁院党委书记到发电党支部讲党课

（二）“培优工程”——转型发展的内生动力

“培优工程”旨在通过完善人才培养模式，强化人才培养梯度建设，为分公司发展转型提供源源不断的内生动力。党支部组织党龄时间长、业务能力强、作风纪律优的党员作为“传帮带”主体与新入职员工“结对子”。这种言传身教的师徒式培养，结合实例、网络、课程等教学方式，带思想、带作风、带技能，帮助新员工尽快适应新形势、新要求，快速成长为企业所需的骨干人才。党支部还组织对考证、培训、学历提升人员给予物质奖励和精神鼓励，激励党员和广大员工主动学习，为企业发展做好技术储备。

（三）“攻坚工程”——转型发展的技术能力

“攻坚工程”，旨在发挥党员先锋模范带头作用，攻克转型技术难题，为分公司发展转型提供技术支撑。党支部在重点项目上组建党员突击队、选任“带头兵”，号召全体党员发挥模范带头作用，团结带领职工群众，攻坚克难，精益生产。目前，党支部已逐步形成光伏、风电等领域的多支骨干队伍，每支队伍由2～3名党员带领，十余名群众参与，开展新能源领域的创新设计，巩固和扩大了分公司在新能源领域的市场份额，推动了分公司业务的整体转型。

（四）“聚力工程”——转型发展的向心力

“聚力工程”，旨在通过党建工作和群团工作联动，创建和谐稳定的生产环境，增强企业内部的团结协作能力，为分公司的发展转型提供向心力。例如，发电党支部组织开展的“重走长征路”“青年心向党”主题团建、党史知识竞赛以及各类文体活动，搭建了企业与职工之间、职工与职工之间的交流平台，进一步提升了全体员工的凝聚力。

（五）“引言工程”——转型发展的智力

“引言工程”，旨在通过建立多渠道沟通平台，鼓励员工为企业高质量发展建言献策，帮助员工解决思想负担和实际问题。党支部通过党员大会、组织生活会、支委会、技术讨论会、发放调查问卷等渠道广开言路，

辽宁院发电党支部组织生活会建言献策

鼓励职工参与民主管理，及时听取群众意见，推动企业改革发展各项措施不断完善。支部党员干部定期深入基层一线联络点调研，在职工中广泛开展谈心谈话，了解职工的思想动态和生产生活情况，对职工提出的问题和存在的困难及时解决，充分调动了职工的生产积极性，提升了职工幸福感和满意度。

三、实践成效

开展“五大工程”以来，发电工程分公司党支部转型升级的思想和行动更加统一，高质量的人才梯队初步形成，业务开拓能力和专业技术实力持续提升，党支部凝聚力和战斗力大大增强，职工群众的认可度和满意度逐年递增。在党建工作的引领和保障下，发电分公司的生产经营、安全质量、维护稳定、疫情管控等各项工作均顺利开展，为企业在新能源领域的全面发力铆足了力量。

（执笔人：王永吉　发电党支部原书记；那城炜　发电水工结构设计员）

点评 发电党支部系统构建“铸魂、培优、攻坚、聚力、引言”五大工程，从学习教育、人才培养、技术攻坚、群团工作、广开言路多个维度，助推分公司发展转型。通过品牌赋能，党支部将党建的政治优势很好地转化为业务发展优势，得到广大党员群众积极认同和响应。案例对党建品牌文化内涵的挖掘和打造具有很好的借鉴意义。

打造“钢筋铁骨”党建文化品牌

江苏院发电土建党支部

一、案例背景

中国能源建设集团江苏省电力设计院有限公司发电土建党支部成立于2018年4月，目前共有党员28名、入党积极分子2名、党务工作者3名。发电土建党支部具有优良的党建工作传统，始终坚守“党建工作做实了就是生产力，做强了就是竞争力，做细了就是凝聚力”的理念，开展了一系列卓有成效的工作。

2020年以来，按照江苏院党委“一支部一品牌”工作部署，发电土建党支部组织开展支部特色化建设工作，总结提炼出了“钢筋铁骨”的支部文化品牌，围绕文化品牌开展有特色的党建活动，让党建品牌更好赋能企业高质量发展。党员干部队伍精神风貌更加昂扬向上，党建的政治优势充分转化为部门的发展优势。

二、主要做法

（一）品牌提炼，画出最大同心圆

发电土建党支部认真落实江苏院党委提出加快推进支部品牌化特色化工作，形成“一支部一品牌”的要求，研究具体行动方案。时值新冠肺炎疫情防控最吃紧的阶段，党支部采用“线上广泛征集+支委讨论评选”的模式，总结提炼出了“钢筋铁骨”的党建文化品牌。“钢筋铁骨”源自于

“锤炼钢筋铁骨，筑造精品工程”的部门愿景，根植于发电公司土建部的业务工作性质和专业技术特点，朴实无华、生动准确地描述了发电土建党支部党员同志的精神品质，道出了支部党员同志的心声，画出了最大同心圆。“钢筋铁骨”朗朗上口，方便记忆，一经推出，就在党员群体中引起热烈反响，得到广大党员的由衷认可。

（二）品牌亮相，文化理念深入人心

“钢筋铁骨”的文化品牌确立后，如何更好地传播品牌形象、诠释品牌内涵成了党支部的工作重点。

发电土建党支部本着“品牌形象化、内涵个性化”的原则，组织专业力量，设计推出了党建品牌形象标识Logo，党建品牌Logo亮相发布后，收获了支部内外党员同志的广泛好评与认可。

发电土建党支部在党建文化墙开辟“党员先锋模范岗”专栏，展示优秀党员的个人照片和先进模范事迹；组织党员自主设计、采购、安装实体荣誉墙，提升党员群众的集体荣誉感，将“钢筋铁骨”的精神品质具化到身边党员身上。

在公司内网、苏电e支部网站实时更新党支部动态，畅通党员获取支部信息的渠道。

积极向江苏院微信公众号平台投稿和提供素材，在企业级对外宣传平台展示党支部党建文化成果。

响应公司庆祝建党百年文艺作品征集，撰写《“钢筋铁骨”是怎样炼成的》综述文章……

这些举措的深入实施，全方位、多要素地展示了“钢筋铁骨”的文化品牌，使得党支部的文化理念真正深入人心。

（三）品牌赋能，助力企业高质量发展

发电土建党支部坚持将党建工作与生产经营深度融合，拒绝“两张皮”现象。一是加强思想引领，在党员大会、支部书记党课中，学习宣传

党的创新理论和国家重大战略，引导党员同志树牢“四个意识”，坚定“四个自信”，紧跟时代潮流，把准行业发展方向。二是科学安排生产经营工作，统筹各类人力资源，合理分解生产任务；坚持召开部门月度例会，分析研判部门生产形势，落实工作计划；探索建立员工月度述职制度，特别是邀请优秀党员现身说法，讲述当月生产工作完成情况，更好激发员工工作积极性，提升工作效率。三是创新生产组织形式，结合“钢筋铁骨”的文化品牌，先后组织成立了“钢筋铁骨”“钢铁青春”“钢铁鹰雁”党员青年突击队，在急难险重任务中充分发挥党员群体的先锋模范作用；组织开展“春播”“夏耘”劳动竞赛，由党员同志担任竞赛组组长，“比态度、比质量、比效率、比效益、比管理、比作风”，形成“比学赶超”的良好氛围。四是注重技术创新工作，瞄准行业发展前沿，组建QC小组和技术攻关小组，对复杂钢结构、特种结构、海上风电结构等的设计技术进行专项攻关；定期组织“大土建融合”跨专业系列讲座，着力打破专业间壁垒；与科能岩土党支部、技经中心党支部开展以技术交流为主题的联合共建活动，共谋发展提高。五是深化拓展人文关怀，从思想、工

江苏院发电土建党支部党支部主题党日活动

作、生活等各方面关心关爱党员，为党员过“政治生日”，在党员入党纪念日开展谈心谈话、重温入党誓词等，引导党员以更高的责任感和使命感投身到生产经营工作中来，让“钢筋铁骨”的文化品牌有温度更有力量。

（四）品牌升级，未来大有可为

随着国家能源政策重大调整的落地，为适应江苏院高质量发展的新形势、新任务、新要求，发电土建党支部也在积极谋划党建品牌的提档升级。其着眼点在于创新基层党建工作方式方法，充分挖掘“钢筋铁骨”的品牌文化内涵，打造“活力品牌”，激发党员同志干事创业的热情；打造“先锋品牌”，发挥党员同志的先锋模范作用；打造“创新品牌”，在企业转型贡献更大价值；打造“廉洁品牌”，为企业高质量发展保驾护航。

三、实践成效

在“钢筋铁骨”的文化品牌指引和感召下，发电土建党支部的党员同志充分发挥先锋模范作用，发电土建部的全体员工尽职履责、创新进取、拼搏奉献，圆满完成了各阶段、各类别生产经营任务，为江苏院“十三五”的顺利收官和“十四五”起好步、开好头贡献了力量。党支部先后获得了2018年度、2020年度江苏院“先进党支部”，2020年度中电工程“先进党支部”等荣誉。班组战斗力不断增强，获得了中国能建集团优秀班组、江苏省工会先进班组等多项省部级荣誉。发电土建部也涌现出了一大批思想政治过硬、业务技能过硬、作风品质过硬的优秀员工，获得江苏院劳动模范、优秀党员、先进工作者等荣誉。

（执笔人：沈　涛　发电土建党支部支部书记）

点评 案例党支部以“党建工作做实了就是生产力，做强了就是竞争力，做细了就是凝聚力”的理念，结合土建业务特点，提炼出“钢筋铁骨”这一响亮而深入人心的党建品牌，并围绕党建品牌开展有特色的党建活动；用党建品牌赋能企业高质量发展，激励党员干部队伍奋发向上，有效地将党建的政治优势转化为企业发展优势，为各个支部开展党建品牌建设提供了良好的示范效应。

品牌创建促生产经营

安徽院发电党总支

一、案例背景

2019年5月，中国能源建设集团安徽省电力设计院有限公司党委为推动党建工作与生产经营深度融合，充分发挥党支部的战斗堡垒作用和党员的先锋模范作用，打造和培育具有支部特色的党建品牌，努力实现公司高质量发展目标，在全公司开展了“支部特色品牌”创建活动。安徽院发电党总支紧密围绕实现公司高质量发展目标的要求，在经过广泛征集、集体研究后，提出以“红色引擎，绿色能源”作为支部特色品牌。该品牌口号，旨在反映党组织的服务宗旨、工作精神、核心价值观，充分体现了发电工程公司的工作目标和发展方向。

二、主要做法

（一）深化布局，党建品牌促进业务转型

为了深入贯彻习近平总书记关于“碳达峰、碳中和”的重要论述，进一步扩大“红色引擎，绿色能源”的品牌影响力，更好地促进公司转型业务发展，发电党总支以骨干党员为带头人，成立综合能源、压缩空气储能、氢能等多个技术攻关小组，积极开展“双碳”主题讨论会。讨论会中，党员充分发挥先锋模范作用，结合自己的专业领域，积极分享、讨论各种能源新技术的技术原理、实施场景和市场前景，围绕实现碳达峰、碳

中和目标，提出适合发电业务转型的发展方向和目标，为公司转型业务发展奠定了基础。

安徽院发电党总支技术攻关组召开研讨会

安徽院发电党总支开展解放思想大讨论

持续强化品牌效应，聚力推进双碳工作，将品牌创建落到实处。充分利用公司本部宣传栏、现场项目部宣传栏等载体，组建党总支微信群，结合品牌建设的宣传和推广，实时传达重要文件精神，特别是双碳政策文件。组织广大党员线上再学习，时刻树立品牌意识，增强品牌聚力。

以发电工程公司总承包的蚌埠高新热电联产项目作为党建品牌标杆工程。该工程全厂所有设备全部采用国家最新一级能效产品，排放标准更是达到了最高级别超净排放，用标杆工程塑造了党建品牌新形象。

（二）结合项目，推动党建品牌进现场

发电工程公司是以项目为主的生产型分公司，自主总承包项目是分公司的特色之一。结合项目实际，开展总承包项目现场党建品牌建设，成立现场临时党小组，发挥党建引领作用，增强队伍战斗力，在“急、难、险、重”任务中冲锋在前、吃苦在前，为总承包业务保驾护航。

中石化安庆热电3号机组延寿改造工程是分公司总承包重点项目。项目部成立伊始，发电党总支就设立了项目部临时党小组。在项目推进过程中，临时党小组成员充分发挥党员干部的先锋模范作用，超前策划、精心组织，克服了改造工程场地受限、停机时间有限、厂家供货延期等诸多困难，确保了改造工程按期完工，最终受到中石化总部的嘉奖。

皖能铜陵电厂4号煤场封闭改造项目是分公司首个自主总承包的煤场封闭总包项目，也是业务拓展的又一突破。铜陵项目部临时党小组全面发挥党员示范引领作用，合理安排工期，紧盯质量、安全，克服了工期紧、疫情影响等困难，圆满完成了各项工作，受到业主锦旗嘉奖。

（三）树立典型，持续扩大党建品牌影响

为扩大党建品牌创建影响力，发挥好党员在生产经营工作中的先锋模范作用，激励广大党员干部争先创优、争做业务骨干，当好示范做表率，以党建品牌建设推动部门工作及发展。

积极开展各项争先创优、提质增效活动，如晚间课堂、空中课堂、CAD制图大赛、电厂知识竞赛等活动，使员工在工作之余加强学习交流，互相促进，增强团队凝聚力和战斗力。

发电党总支还开展了争创“党员先锋岗”活动。坚持一年一评比，对荣获先锋岗的党员予以表彰，并实行挂牌制度，主动接受群众监督。

党员先锋岗活动常态化、制度化，使党员先进性和岗位职责高度融合，以点带面，发挥品牌引领作用，切实增强基层党组织战斗力，使党员队伍真正成为公司发展的中流砥柱。

三、实践成效

在党建品牌创建工作扎实有效的开展过程中，党建工作在基层的活动覆盖面逐渐扩大，促进生产经营的作用不断加深。党员干部带头发挥先锋模范作用，冲锋在前，真正发挥了党组织的堡垒作用，切实增强了基层党组织的凝聚力、引领力、战斗力。

支部品牌创建结合总包项目现场党建工作，提升了项目综合管理能力，培养了一批懂技术、会管理、甘于奉献的党员项目管理团队。

党建品牌创建活动，推动了生产经营工作高质量发展。发电工程公司

安徽院发电党总支开展主题教育活动

市场开发成果显著，近3年中标20余项总承包工程。

近年来，发电党总支多次获得公司先锋党支部、文明集体等称号。近3年，支部党员累计11人次荣获公司优秀共产党员、优秀共产党员标兵、劳动模范等称号。并多次在公司党建知识竞赛活动中取得佳绩。

（执笔人：张文雍　发电党总支组织委员，发电工程公司工艺部副经理）

点评 案例党组织将党建与生产经营相融合的宗旨嵌入支部特色品牌建设中，共同提炼和创建贴合支部特色并得到广泛认同的“红色引擎，绿色能源”支部品牌。党建凝聚人心，党建激发活力，将党建品牌延伸到项目现场，以党建“红色引擎”推动“绿色能源”发展，推动了企业持续健康发展。

党建引领共建美好家园

——中南院党员干部下沉社区服务取得实效

中南院党委

一、案例背景

为深入贯彻习近平新时代中国特色社会主义思想，答好习近平总书记交给湖北的必答题，将疫情防控期间机关企事业单位党员干部下沉社区的经验做法固化为制度，湖北省以深化“双报到、双报告”制度为抓手，推动机关党员干部下沉社区常态化。为进一步推动基层党组织和在职党员干部深度参与社区治理，中国电力工程顾问集团中南电力设计院有限公司各党支部第一时间行动起来，认真组织、深入开展党员干部下沉社区工作。

二、主要做法

（一）周密部署，启动下沉

2020年，中南院第一时间成立下沉社区专项工作领导小组，公司党委书记挂帅，党委副书记担任下沉党员突击队队长。及时召开党员干部下沉社区工作布置会，制定下发《党员干部下沉社区实施方案》。各党支部选派32名队员组成了联系社区工作队，选派10名队员组成应急突击队，并组织本支部党员按时到工作驻地和居住地社区“双报到”。

为了更好地服务对口联系社区，中南院与中南路街电力社区签订了党建联建协议书，通过定期召开党建联席会议，及时了解社区需求。按照“群众点单、社区派单、单位（党员）接单”的模式，积极参与社区治理，协助解决问题。同时，各支部每周轮流选派一名联系社区工作队队员全脱产参与社区工作，积极为电力社区办实事、解难题。

（二）聚焦问题，丰富载体

中南院各党支部聚焦社区治理焦点、难点，组织支部党员行动起来。有的组织党员改善电力社区居民居住环境，为电力社区更换了90个垃圾桶；有的协助解决社区水暖改造问题；有的开展募捐活动，慰问社区困难家庭；有的到社区开展清洁家园行动；有的组织党员参与社区义务献血公益活动；有的开展宣传节约粮食制止餐饮浪费活动；还有的组织党员进社区开展垃圾分类宣传志愿活动等。

所有下沉党员干部以普通党员身份，自觉服从居住地社区党组织安排，认领工作任务。他们积极参与所在社区治理，在下沉党员中，有4名党员担任业委会委员，24名党员任小区楼栋长，21名党员被社区推荐担

中南院下沉党员参加社区无偿献血志愿活动

任小区党员中心户，4名党员被社区推荐担任小区物业服务监督员。这些党员积极发动小区居民参与小区治理，架起了小区居民管理与服务的新桥梁。

此外，下沉党员纷纷申请加入社区防控政策宣传、小区防疫值守、小区消杀，积极参与防疫各类应急小分队。有的党员充分发挥特长，为社区提供个性化服务，有的提供软件安装、使用指导、电脑维修、故障解决等信息技术支持服务；有的为社区活动提供策划、文案，主动参与社区文明创建、人口普查、接种新冠疫苗宣传；有的利用专业知识特长为社区进行用电安全知识讲座；有的参与社区“老年人一对一帮扶”；还有的参与社区组织的“了不起的居民”志愿服务项目众筹大赛等。下沉党员干部帮助居民解决了实际困难，真正实现了党员“沉下去”，社区治理“活起来”。

（三）过程把控，凸显效果

在党员干部下沉社区工作开展过程中，中南院各支部多次深入社区调研指导，了解社区居民实际需求和社区工作中遇到的困难。公司纪委也将

中南电力党员下沉社区协助开展小区管理工作

党员下沉社区纳入“大监督”格局，组织相关职能部门，开展下沉社区“回头看”调研走访，并组织召开座谈会，听取支部工作汇报，检查党支部和党员干部“双报到”“双报告”落实和作用发挥情况。各党支部在开展党支部主题党日和年底的组织生活会时，所属党员均按要求结合承诺践诺，主动报告下沉工作情况。中南院党委还将党员下沉社区情况纳入年度各党支部书记抓基层党建考核述职的重要内容。支部党员下沉社区达标率成为评选“两优一先”的重要依据之一。

三、主要成效

自党员下沉社区工作开展以来，中南院各党支部充分发挥自身优势，与对口联系社区党组织共同提升社区治理水平。各支部党员干部积极参与社区事务和义务服务活动，以实实在在的行动为群众办实事、解难事、做好事，将这些“微治理”转化为健全完善社区治理体系的“大效能”。仅2020年下半年，中南院下沉武汉市100多个社区的党员积极参与社区文明创建宣传、人口普查、志愿献血、清洁家园、安全巡查、高龄老人、残疾老人、空巢老人结对帮扶、帮助协调邻里矛盾、物业纠纷、不文明饲养等工作，累计服务人次就达到2765人次，累计服务时长为8288.5小时。2021年8月初，在武汉出现省外关联病例后，中南院第一时间组织8个党支部103名党员下沉社区，化身值岗员、宣传员、志愿者，与医护人员、社区工作人员共同携手，坚守在疫情防控一线，打赢了这场疫情防控阻击战。

疫情常态化防控后，中南院各支部常态化开展组织下沉党员配合社区做好隔离、风控、值守、核酸检测等各项工作，生动诠释了“一个党组织就是一座堡垒，一名党员就是一面旗帜”。中南院将继续发挥党员干部先锋模范作用，围绕服务基层、服务群众，切实为群众解难题办实事，让社区治理上水平、党员干部受教育、群众生活更满意，让党建引领我们共建美好家园。

〔执笔人：韩　茜　中南院党群工作部（工会办公室）一级管理师〕

点评 中南院党委高度重视、周密部署，各党支部分门别类组织好下沉服务工作。从启动部署、个性化服务，到调研回访和纳入考核，全过程有组织、有谋划地实施并严格把控，切实帮居民解决实际困难，并形成了常态化长效机制。该案例将疫情防控中的经历和经验沉淀，为企业党员干部下沉社区服务社区居民、提高社区治理水平提供了很好的样板，也为“央地共建”“我为群众办实事”的实施提供了很好的范例。

PART 6

项目党建篇

篇首语

项目现场、基层工作一线是党支部和党员发挥作用的前沿阵地。项目党建不仅是中国能建“1+4”特色党建的重要组成部分，也是落实打通党建最后一公里的关键环节。中电工程党委将项目作为企业的发展之本、管理之基、效益之源、人才之根，全面加强和改进工程项目党建工作，积极推行工程项目党建工作“三抓三强四到位”，推动项目党建与项目建设深度融合，各所属企业项目党支部、党员突击队、临时党小组，围绕“政治引领到位、融合创效到位、队伍建设到位、形象塑造到位”开展党建工作，经过多年实践积累了很多好的做法和经验。

本篇征集了8个项目党建优秀案例，分别在党员先锋作用、支部堡垒作用发挥，党建引领、党建共建、融通融合等方面，就如何将党建工作融入工程建设的每一个环节展开阐述。各基层党组织以“聚焦项目抓党建、抓好党建强项目、建优项目促发展”为导向，着眼于解决工程建设中的难点问题和主要矛盾，充分发挥党建引领作用，形成了项目党建工作中的创新做法。希望这些案例能够给基层党组织扎实落实“三会一课”制度、丰富项目党支部组织生活、促进项目价值创造最大化等方面带来启发和思考，推动项目党建对标学习、创新改进、整体提升。

党建共建凝筋骨　机制创新铸灵魂

广东院党委

一、实施背景

在国家和行业政策支持下，广东台山海宴镇渔业光伏发电项目应时而生。这是中国能源建设集团广东省电力设计研究院有限公司第一个“开发性建设”的大型光伏项目，总装机容量500MWp，建设两座220kV升压站，项目建成后将成为华南地区最大的渔光互补项目，大大促进地区经济的持续健康发展。

“海宴光伏政企共建”特色基层党组织（简称海宴党小组），成立于2020年7月，是广东院党委五个“特色基层党组织”之一，通过开创性地与项目所在地政府及业主方开展党建互联共建，围绕项目开发建设过程中的难点问题开展系列创新攻坚工作，形成了良性互动机制，有力保障了项目实施、并网发电。

二、主要做法

（一）顶层设计重谋划

海宴党小组与海宴镇政府、业主方恒运项目公司党组织共建方首先梳理明确共建思路，找准共建方向。针对制约项目建设的项目用地、外送线路、防台防汛应急、人员卫生安全防疫等难题，制定了差异化的共建方案。其次，加强组织领导，建立共建机制。抽调项目负责人、党员骨干成立工作组，每季度对共建阶段性成果进行考核验收，针对存在的问题，提出改进意见。联建方共同编制的《政企共建海宴光伏基层党组织党建与生产经营深度融合制度》，深度总结海宴党小组的实践经验，为在同类项目中推广应用奠定了基础。

（二）党建联学聚共识

海宴党小组注重开展联学活动，始终把组织好党内学习教育作为重要工作，多次组织与业主方党支部、海宴镇政府各党支部召开专题交流研讨会，制订切实可行的党建共建学习计划。同时，注重创新学习方式，邀请海宴镇党委领导以讲解驻地政策为主题讲授专题党课，促进项目在当地政府的指导下更好推进；组织策划“互访、互学、互助、互促”交流学习活动，实施党员100%下项目现场学习，党员100%上党建平台学习的“双百学习行动”等，通过组织好联学活动，筑牢联建方党员思想基础。

（三）优势互补强推进

海宴党小组主动融入项目生产、安全、质量等中心工作，开展党内创

广东院海宴党小组在当地农办指导下开展防汛演练

建活动。针对项目征租地、外送线路等问题，抽调党员骨干组成突击队，通过党建会议平台沟通洽谈、共享资源，为快速解决项目用地问题及外送线路规划许可问题，高效完成项目质安监、施工许可等报批报建工作奠定基础。针对项目所在区域受台风影响大的实际，开展“党建+安全”主题党日活动，组织党员骨干专项研讨防台防汛问题，创新升压站设计、攻克架空集电线路塔型设计难题，拿出最优方案，确保项目安全；积极组织防台防汛应急演练，经受住了2020年7月项目光伏区15号围堰出现险情的实战考验，有效地保证了人员及物资安全。

（四）素质提升强队伍

海宴党小组注重抓队伍强能力，开展了“党员比进步”创先争优活动。组织共建方党员“向自己下战书”，提升党员履职能力，营造浓厚“比学赶超”互动氛围，活动期间，党员成功申请专利5项、考取注册师资格1人。此外，海宴党小组还组织了党员“提质增效”科技创新项目大赛，参赛的8个课题5个获奖，其中一等奖1个、二等奖2个、三等奖2个，相关创新成果被成功运用到项目中，成效显著。

广东院海宴党小组文化帮扶进校园

（五）履责担当树形象

海宴党小组牢记央企社会责任，积极参与项目驻地社会公益活动。响应扶贫攻坚号召，走访慰问海宴镇洪发村白血病患儿，送上了慰问金和温暖的祝福；深入贫困户和帮扶对象家里走访慰问，送上生活物资。积极组织党员、青年志愿服务活动，走进当地社区清扫街道、池塘；变身“新能源小老师”，为海宴镇海桥小学同学们讲授新能源发电知识科普，加深项目部与当地群众友谊。此外，为解决当地照明不足，新能源车辆充电不便等问题，海宴党小组与镇里党支部共同策划，组织了“安装光伏路灯”“修建光伏车棚”等系列民生工程，进一步提升了当地群众幸福感，广获好评。

三、成果成效

在海宴党小组的指挥及带领，以及参建各单位的共同努力下，粤港澳大湾区单体连片规模最大“渔光互补”一体化项目——广东省台山市海宴镇500兆瓦渔业光伏发电项目一期工程于2021年12月28日实现全容量并网，二期工程于2022年4月8日并网发电。央视等媒体对项目并网做了宣传报道，在行业间引起了巨大反响。

（一）形成政企良性互动，探索党建共建新路径

在政企共建的良性互动下，以差异化共建为抓手，以解决问题为导向，与当地政府携手项目攻克难点为目标，在较短的时间内有效解决光伏区租地、升压站土地调规、外送线路征地、项目报批报建、应急及防汛等一系列难题，提升了项目执行及问题解决的效率，探索出一系列经实践证明行之有效的党建融入项目建设的新模式。

（二）发挥党员先锋作用，打造高素质人才队伍

海宴党小组带领多名党员技术骨干，通过技术调研、专题讨论、现场试验等工作，完成了多项技术创新，使得队伍得到了锤炼，技术水平得到了提升，取得了多项技术创新成果，为未来项目技术的攻关打下坚实基础。

（三）助力地方经济发展，彰显国有企业担当

通过深入推进“惠民工程”建设，党小组带头积极为当地群众解决困难，有效推动了海宴镇经济与民生的发展，帮助当地基层群众提高了生活水平，与当地居民和谐共进，既促进了当地和谐稳定发展，又提高了项目在当地的认同度，保障了项目的顺利实施。广东院获得了海宴镇政府和基层群众的好评，同时也获得了海宴镇政府授予的“扶贫助困企业”称号。

广东院获海宴镇政府授予的“扶贫助困企业”称号

（执笔人：盛　锋　广东院广东台山海宴镇渔业光伏发电项目项目经理、
彭　娜　广东院党群工作部（工会办公室）一级管理师）

点评 广东院党委高度重视项目党建工作，创建“海宴光伏政企共建”特色基层党组织，以“企业、驻地政府、业主、参建方四方共建”为抓手，重点在“顶层设计、党建联学、优势互补、素质提升、履责担当”等五个方面发挥作用，为项目顺利履约、技术创新创效、企业品牌树立提供了强有力保障。

激活“神经末梢” 建精品工程

西北院富县电厂项目部党支部

一、案例背景

富县电厂是陕北至湖北±800千伏特高压直流输电工程配套电源项目，是陕西省“十三五”“十四五”重点工程建设项目大型火电工程项目。项目具有风险高、任务重、技术复杂、工期紧、参建单位多、人员流动频繁等特点，在建设中必然要面对各种各样的困难，需要协调解决各类错综复杂的问题。面对这种艰难繁复的局面，中国电力工程顾问集团西北电力设计院有限公司富县电厂项目部党支部积极探索打造强有力的党建共

西北院富县电厂项目部组织升国旗仪式

建模式，将党建工作与工程建设有效融合，在安全、质量、技术、进度等工程管理核心工作中充分发挥党组织的战斗堡垒和党员先锋模范作用，带动全体参建人员更好地投身到工程建设中去，形成了“以党建工作引领工程建设、以工程建设促进党建工作”的良好工作局面。

二、主要做法

（一）支部共建，实现矩阵式党建机制

本着“有利于组织管理、有利于解决问题、有利于作用发挥”的原则，推行各参建单位项目部党支部矩阵式共建机制。纵向上各参建单位项目部党支部依照所属集团党建管理要求自主管理，围绕本单位的重大事项、重点工作和重大活动开展日常工作；横向上成立以西北院项目部党支部牵头，各参建单位项目部党支部参与的共建模式，打破各党支部之间的壁垒，实现各参建单位党组织的深度融合，整合多方资源，及时解决工程难题，形成“共享、共融、共建、共赢”的工作局面和氛围，为推进项目高质量建设提供强有力的政治保障。

西北院富县电厂项目部开展表彰

（二）平台共建，实现信息共享和资源融合

通过搭建项目党员微信群、党建会议室、党建宣传栏，党员共建责任区、党员示范岗、党员突击队等党建活动平台，组织各参建单位项目部党支部以“服务党员、服务工程”为根本，以健全工作机制，密切工作沟通为手段，努力实现“共建组织、共抓队伍、共享资源、共谋发展”的工作新格局，实现各项目部党支部开展活动有场地、党建宣传有阵地、发挥党员先锋作用有平台、突显支部战斗堡垒作用有行动。

（三）学习共建，实现党性修养的共同提高

在各参建单位项目部党支部自行开展组织生活的基础上，西北院总包项目部党支部通过组织各党支部共同开展缅怀革命先烈重温入党誓词、党的历程及党建活动图文展、一起听党课、赴红色革命教育基地学习、学党史讲党史谈感悟、党和国家重大节日升国旗等活动，实现各党支部组织生活的共建融合，从而不断提升党员思想理论水平，提升党员党性修养，维护党员队伍纯洁性。

（四）活动共建，突显模范和堡垒作用

1. 开展亮身份共建，突出身份引领

组织各参建单位项目部党支部开展党员“亮身份、作承诺、当先锋”活动，突出身份引领。要求每名党员必须佩戴党徽、作业面必须立牌明确标示参建各方负责党员的名字，从而实现在项目建设的各个环节中突显党员身份，充分发挥党员在安全、质量、进度等管理体系中的带头作用和身份引领作用。

2. 开展示范岗共建，发挥示范引领

组织各参建单位项目部党支部开展“党员示范岗”活动，充分发挥党员示范引领作用。由各项目部党支部推荐，选择在日常工程建设中表现突出、工作认真的党员设立党员示范岗，以示范岗为标杆实现“一名党员一

面旗帜”的作用，突出示范引领，引导广大党员立足本职岗位，充分发挥共产党员的带头、示范和辐射作用。

3. 开展树典型共建，彰显榜样引领

组织各参建单位项目部党支部开展“评先进、树典型”活动，充分发挥榜样的力量，突出典型引领。在项目全体党员中开展“创优评优”等评选活动，采取由各项目部党支部内部评选表彰和总包项目部党支部统一评选表彰等形式，同时对评比出的先进通过宣传栏、现场视频系统等进行大力宣传。

4. 开展责任区共建，实现行为引领

组织各参建单位项目部党支部开展“党员共建责任区”活动，突出行为引领。将“党员共建责任区”与项目建设现场“网格化管理”相融合，每个网格内配备责任党支部和业主、监理、总包、施工单位四方责任党员，实现区域化、网格化的共建责任落实机制，进一步深化项目现场施工管控，让全体党员在施工期间盯紧各类操作细节，严把安全、质量、进度关，做到哪里有工作，哪里就有党支部和党员，实现以点带面、全面带动。

西北院富县电厂项目部青年突击队

（五）文化共建，凝聚项目建设正能量

按照“党建引领，文化搭桥”的工作思路，积极推行各项党建活动和文化融入，着力培育各参建项目部在力行自身企业文化和企业精神的同时对西北院企业文化和项目管理理念的思想、文化和感情认同。通过组织开展主题党日党性教育联谊会、参观照金革命纪念馆、建党百年篮球比赛、中电工程劳模讲党课、举办建党100周年文艺演出、开展送清凉和节假日慰问等一系列的活动，充分发挥党建共建齐心聚力、弘扬正能量作用，进一步加强党建融合，把党建工作变成推动项目建设的生产力、凝聚力和战斗力。

三、实践成效

富县电厂作为革命圣地延安首个百万超临界空冷机组项目，建成后对促进企业转型、支援湖北发展、助力老区建设、传承延安精神具有重要意义。项目党支部探索了一种在EPC总承包项目部党支部组织下、各参建项目部党支部参与的基层党组织共建模式和机制，变“各自为战”为“资源共享”，化“党建孤岛”成“党建共享”，实现了项目党建和工程建设的良性互动，使党组织和党员在工程建设“急、难、险、阻”问题上的战斗堡垒作用和先锋模范作用得到充分发挥。同时解决了党建与项目建设“两张皮”问题，使“抓党建”与“抓业务”有效融合，有力地促进了工程建设各项工作的推进。近两年来，富县电厂项目部在建设方和上级党委正确领导下，党建工作和项目开展均获得丰硕成果，项目经理获得“陕西省国资委优秀党务工作者称号”、项目获得陕西省劳动和技能竞赛“十大”示范项目荣誉称号。

（执笔人：同　刚　西北院富县项目部副项目经理）

点评 习近平总书记强调，基层是党的执政之基、力量之源，只有基层党组织坚强有力，党员发挥应用作用，党的根基才能牢固。西北院富县项目党支部自成立后就积极探索EPC总承包管理模式下，“五个共建”激活党建的“神经末梢”，实现党建工作与工程建设的深度融合，在项目建设中真正做到提升价值创造力、项目管理力及党支部组织力，相关经验值得借鉴。

党徽照初心　党旗引方向

华东院岩土勘测工程分公司党支部

一、案例背景

越是风疾浪骤时，越要体现党组织战斗堡垒作用；越是关键时刻，越要彰显党员先锋模范作用。近年来，中国电力工程顾问集团华东电力设计院有限公司岩土勘测工程分公司先后承担了雅中—江西特高压定线定位项目、500kV盐城丰海线路项目。项目工作环境恶劣、工期紧急、受疫情影响较大。为了使基层党组织和党员在急难险重中充分发挥战斗堡垒与先锋模范作用，岩土勘测工程分公司党支部分别成立雅中—江西特高压项目临时党小组和盐城丰海线路临时党小组。两个党小组带领党员秉承“精心设计、优质服务”的企业精神，在项目执行过程中不畏艰险、克服万难、彰显社会担当，在抗疫保产中坚决贯彻“疫情就是命令，防控就是责任”要求，为项目顺利执行发挥了重要作用。

二、主要做法

（一）披荆斩棘，党员先行

雅中—江西特高压定线项目定位时，所在区域天气炎热，植被茂密，马蜂和毒蛇等不时出没。临时党小组21位党员在保质保量完成勘测工作的过程中，时刻紧绷着一根“安全弦”。大家认真改进和完善应急预案，向项目当地老乡了解可能遇到的危险，为队员准备藿香正气水、人丹、蛇药

华东院岩土勘测工程分公司党支部党员在项目现场

等，劝阻贪凉计划下河野泳的伙伴，又买来杀毒剂阻止准备火烧马蜂窝的民工……在恶劣的工作环境和紧张的工期困扰下，整个终勘队伍团结一致，全体党员齐心协力、早出晚归，争干抢干，一丝不苟地进行终勘定位工作，充分发挥了党员的先进性和模范带头作用。

（二）党旗引领，彰显担当

在党旗引领下，临时党小组除了出色地完成工作，随时抽出时间组织开展学习教育，并将其贯彻到项目实践活动中。2017年8月，项目临近收尾阶段，“雅中—江西特高压”工程队临时党小组组织了部分党员代表赶赴湖南省绥宁县山区慰问了该县脱贫攻坚帮扶对象刘小小一家。刘小小一家家境贫困，爷爷奶奶都重病缠身，为了养家，父亲只能一人外出打工。小小作为家中长女，帮助母亲承担起了照顾爷爷奶奶和另外两个弟弟的重任。党小组送去了慰问品，还与一家人进行了深入的交谈，关心他们的生活和健康情况，询问他们目前生活中存在的困难，在给予物质帮助的同时也给小小一家带去精神上的鼓励和支持，彰显了社会担当。

（三）克服疫情，有序复工

疫情期间，500kV盐城丰海线路终勘定位项目临时党小组编制了《冠状病毒感染疫情防控专项应急预案》，从组织机构、责任分工、实施计划、方案措施、应急准备等各方面入手，在全力以赴抓好疫情防控的同时，统筹推进项目终勘定位工作。针对抗疫物资较为紧张，党小组成员寻找多种途径采购抗疫物资，确保终勘定位期间有足够的口罩、免洗手液、消毒杀菌喷剂、测温计等可以使用。同时，加强项目现场防疫宣传教育工作，尤其是强调避免不必要的出行，不聚会、不聚餐，做到住宿地和工作地“点对点”。党小组成员发挥模范带头作用，没有因为防疫而打半点折扣，该测量的范围不少一分，该复测的点位不漏一个，带领勘测队伍出色完成了勘测工作，确保本职工作高质量完成。

华东院岩土勘测工程分公司党支部党员克服疫情，进行勘察定位

三、实践成效

党徽照初心，党旗引方向。哪里有项目，哪里就有党组织。通过在多个项目设立临时党小组的经验来看，临时党小组为企业生产提供了有力的思想保证、政治保证和组织保证，让党员感悟熏陶和启发，汲取精神动力，点燃工作激情，提升能力素质，党支部的战斗堡垒作用和党员的先锋模范作用得到了充分发挥。

雅中—江西特高压定线定位项目在党小组的带领下，经过一个多月的努力，终勘队伍克服了高温酷热、山路陡峻等重重困难，顺利、安全、高效地完成了终勘定位任务。在众多标包段中，项目实施进度始终领先，率先完成了终勘工作。

党小组对山区贫困学子家庭的慰问，让受帮助家庭感受到社会的温暖，感受到党组织时时刻刻的关怀和无处不在的照顾。也让党员们尤其是青年党员，从思想上更深地体会联系群众的重要性，坚持冲锋在前，做一名合格党员。

500kV盐城丰海线路终勘定位项目在党旗引领下，高效高质完成了勘测任务，做到了防疫和项目工作两手抓两手硬，得到了业主的认可和感谢，也为华东院在疫情期间复工开了一个好头，为公司全面复工拉开了序幕。

（执笔人：陈昌斌　华东院岩土勘测工程分公司党支部书记
王正波　华东院岩土勘测工程分公司工程师）

点评 只有找准切入点，基层党支部工作才能真正融入企业中心工作，取得事半功倍的成效。“披荆斩棘、党员先行，党旗引领、彰显担当”就是华东院岩土勘测工程分公司党支部临时党小组发挥作用的具体体现。在落实“疫情就是命令，防控就是责任”的关键时刻，临时党小组充分发挥堡垒作用，为工程建设务期必成奠定坚实基础。

党建引领，打造海拔 5357 米上的电力尖兵

安徽院阿里与藏中电网联网工程项目临时党支部

一、案例背景

阿里与藏中联网工程是打通大陆统一电网最后“孤岛”的攻坚工程，对于推动西藏发展和“一带一路”建设、巩固西南边境意义重大。由中国能源建设集团安徽省电力设计院有限公司承担勘测设计的4标段，平均海拔4572米、最高海拔5357米，创造了超高压线路工程难度、海拔高度的世界之最。在这一堪称国内工程条件最困难、最险峻的区段，安徽院成立项目临时党支部，发挥组织战斗堡垒作用，冲锋在前，实干+巧干，通过扎实的统筹策划和良好的沟通执行，为圆满完成这一历史性工程提供了坚实保障。

二、主要做法

（一）党建引领，凝心聚力

外业开始前，安徽院成立项目临时党支部和党员突击队，对可能出现的生产生活难点反复推演，对党建宣传、外业安全、质量控制、后勤保障、人文关怀、涉密及突发状况处置等进行周密部署。到达现场后，在有限且艰苦的生产生活条件下，临时党支部迅速行动，建立党员活动室，与上级党组织保持紧密联系，坚持开展“三会一课”。在夜以继日的艰苦外业工作同时，完成党课学习2次、支部会议和专题学习4次。重点学习了习

党建引领凝心聚力

近平总书记关于国有企业改革发展和党的建设的重要讲话精神等内容；重点研讨应对潜在的、未知的工作困难解决方案，如可能预见的低温低氧环境对工作的影响、当地沟通交流文化差异等，在工作进度安排、工作模式、保障系统、藏汉交流方面提前筹划，扎实把党建工作沉到中心工作中、沉到基层党员员工中。

（二）攻坚克难，党员争先

项目标段线路三分之一海拔超过5000米，为整个阿里与藏中电网联网工程中最高，含氧量只有平原地区的一半左右，已经达到人类工作的极限，极易出现人体机能严重下降及不可逆的损害。然而“迎难而上、千方百计，一定保障进度，在元旦前完成线路终勘！”是出发前临时党支部在党旗下立下的军令状，责任在身、重任在肩，项目组党员冲锋在前，带领全体项目组员“跟我上”。刚踏上西藏这片领土，项目组人人出现不同程度的高原反应，党员项目经理在出现严重高原反应的情况下，仍然坚持带领技术团队忙于前期工作，党支部启动应急预案，针对人员不同症状进行

攻坚克难，党员争先

调理和治疗，最终没有一人因高反脱离队伍。

冬季是藏区一年中条件最恶劣的季节，加上高原地区，睡眠不足将加剧高原反应，造成人体机理紊乱。为按时完成任务，党员同志带领测量队伍在晚上十点例会结束后继续加班加点及时整理测量数据、商讨问题、落实反馈意见，常常忙到凌晨一两点，即使身体不适，仍然冲锋在前，第一个起床、最后一个休息，充分展示了共产党员拼搏奉献的可贵品质。西藏地区地层复杂，常规岩土勘察技术手段难以实施，面对难题，党员技术人员积极思考开展技术革新，极大地提高了工作效率和准确度。在这样艰苦的条件下，项目组历时42天完成了全部外业终勘任务，全体党员用热血和汗水在雪域高原书写了新时期拼搏奋斗之歌。

（三）以人为本，关怀备至

项目现场远在离家4000公里之外，现场环境恶劣程度难以想象，项目临时党支部成为外业大家庭的可靠后盾，凝心聚力，凸显关怀。

党支部高度关注后勤保障，聘请当地大型医院专业医疗组随队开展医

凝心聚力，关怀备至

疗保障，为本次工程人员建立医疗台账，每天日常巡诊、检查相关药品及氧气，并与各工程组人员同去现场，确保意外情况下的紧急处理措施及时到位。扎实保障行车安全，建立车辆安全检查制度，安排专人督促驾驶员每天做好出车前、行驶中和返回后的“三段查”工作，对车辆油电水系统、制动设备性能、安全设备等进行详细检查，同时由医护人员确认驾驶员身体状况。

倾力提升队伍士气，开展集体生日、汉藏一家亲联欢活动，在休息日组织策划现场人员集体生日，邀请项目组藏族同胞共同参与，组织到工程组藏民家拜访联谊，增进民族感情的同时，获得了藏族同胞对工程组的高度认可，让所有人有归属感、家庭感，也在艰辛的日常工作中营造欢乐和谐的氛围。

三、实践成效

众志成城，必将克服一切困难；坚定信念，肯定能大道坦途。2019年8月20日，本包段正式开工；2020年5月2日，由安徽院承担设计的世界海

国家电网
STATE GRID
阿里联网工程线路工程（包4）
竣工仪式

直播
西藏第4条“电力天路”今天全线贯通
7月26日 10:05

男儿有志奋战雪域高原　青春无悔建功阿里联网

完美收官，成绩斐然

拔最高的塔位建设完成；12月4日，阿里与藏中电网联网工程顺利投运，我国陆路最后一个地级行政区域正式接入大电网，从此西藏地区迈入统一电网新时代。

以党员同志为代表的安徽院电力人完成雅江跨越方案的深化设计分析，珠峰脚下岗巴羊景观塔应用，高海拔地区绝缘配置、高海拔地区电磁环境研究等关键技术问题分析研究，积累了高海拔地区工程的宝贵经验，工程目前已获得安徽省勘察设计奖，正在申报国家优秀勘察设计奖，安徽院承担的4标段获得了各界的广泛关注，国内主流媒体央广网以“中国能建安徽院参与设计的电力天路全线贯通”为标题进行报道，用行动书写了“为祖国坚守，让光明可期”的优质答卷。

（执笔人：王　力　安徽院华电公司总工程师兼副总经理、第二党支部书记）

点评 “急难险重”任务是党员的“试金石”。安徽院阿里与藏中电网联网工程项目临时党支部面对高海拔地区极为恶劣的自然环境，不忘初心、忠诚践诺，勇挑重担、冲锋在前，充分发挥支部的战斗堡垒作用和党员的先锋模范作用，成功征服“世界屋脊”，把鲜艳的党旗插在世界屋脊的雪域高原之上，成为高原上最亮眼的一抹“红”。

“红色引擎”助推项目顺利履约

华东院发电工程分公司第一党支部

一、案例背景

中国电力工程顾问集团华东电力设计院有限公司在明确了“打造一流的国际工程公司”战略目标后，逐步开始向投资、总包及项目管理方向发力。公司承建的某地双燃料电站、浙江青田光伏等项目均位于条件比较艰苦的地区。如何提升项目团队的凝聚力、战斗力是企业需直面的问题。为此，华东院在相关项目成立联合党支部，通过党建共建促发展，让党员队伍在打造优质工程中发挥作用。

二、主要做法

党建是业务工作的“根”和“魂”。党建工作不仅能凝心聚力，因地制宜的党建活动还能有力地促进生产。按照基层党组织应建必建要求，实现党建工作全覆盖，项目部成立联合党支部，让参建党员找到了身边的组织，同时也为各参建单位间打开一条新的沟通渠道。联合党支部通过充分发挥党组织的桥梁纽带作用，促使党建工作更加“接地气”，切实提高党支部的凝聚力、战斗力，高效解决项目推进中遇到的困难，进一步将党建的政治优势、组织优势转化为加快项目建设进度的有效推动力。

（一）共学共享共提升

某地双燃料电站项目有总包方葛洲坝能源重工、华东院以及施工方安徽电建二公司的项目管理人员四十余人，高峰期施工人员近七百人。三方商议并经三家单位党委同意，成立了项目临时联合党支部，并签订了“项目党建联建协议书”，正式开启了中国能建兄弟单位之间项目党建联建的新模式。在充分尊重当地风俗习惯的情况下，联合党支部创建良好的学习环境，为现场党员开展学习、培训、议事及过好组织生活提供了物质保障。先后邀请了三家单位领导给现场党员同志上党课；举行“强担当、战疫情、促生产”和“打通党建‘最后一公里’大讨论、大落实”主题党日活动。联合党支部努力创建学习型组织，党员同志利用各自专业背景和特长，为项目管理人员分享了项目计划管理、P6软件实操培训、安全生产与质量验收等各类专业基础知识，发挥先锋模范作用，引领学习热潮，提升业务水平。

（二）共建共商共合作

联合党支部组建了党员突击队，举行了授旗仪式和重温入党誓词活动，并向支部全体党员发出了“践初心、作表率”的号召。党员突击队在现场新冠肺炎疫情联防联控和助力现场项目管理等方面攻坚克难、勇于担当。在项目工期紧张、人力资源和设备材料紧缺的情况下，突击队员各自认领项目关键路径中难啃的骨头，在多个重要环节立下“军令状”，分别牵头组建领导小组协调和指挥，最终顺利按期或提前完成关键路径工作。党支部开展了“守望相助”的防疫物资捐赠活动，在新冠肺炎疫情期间为续写中外友谊、共同抗疫作出应有贡献。

（三）共甘共苦共担当

中电工程浙江青田东源镇、万山乡35兆峰瓦复合利用光伏发电项目，现场有华东院投资与开发建设部、发电分公司、电网分公司、财务与产权管理部、信息档案部等多个部门人员，为充分发挥支部战斗堡垒作用，更好促进项目顺利实施，经院党委批准，并吸纳了监理公司以及施工单位的人员，共计18名（注：高峰时期）党员成立了青田临时党支部。

在项目建设过程中，青田临时党支部充分发挥了战斗堡垒作用。在项目开关站建设中，从劈山场平、基础浇筑、设备安装、电缆接线、系统调试、验收消缺到投产运行仅用了不到40天时间。在此期间内，EPC项目部的党员同志们24小时轮换工作，在寒风刺骨的夜晚就靠一杯热水、一袋泡面，坚守各自岗位。有同志在合同谈判时突发痛风，脚掌肿胀变形、疼痛难忍，却依然靠着止痛药坚持战斗，带伤上阵，直至完成关键性谈判工作，为华东院拿下该项目发挥关键作用。有同志舍弃本应陪伴儿子高考的假期，用最短时间完成了项目公司注册、备案等一系列前期项工作。

三、实践成效

某地双燃料电站项目最终完美实现了新冠肺炎“零感染”目标，克服了登革热疫情、征地风波、雨季洪水等一系列不利因素，于2020年12月

华东院青田临时党支部参观青田县红色教育基地

14日实现全部十二台机组通过性能试验考核并投入商运，在晚开工一个月的情况下顺利反超隔壁另外一个同类工程，真正做到疫情防控和安全生产两手抓、两手硬。党支部在三家单位党委的正确领导下，走出了一条“组织共建、业务共商、活动共办、资源共享、发展共赢”的项目特色党建之路，真正为项目的顺利履约发挥了“红色引擎”作用。

2020年12月24日，青田项目成功并网发电，从EPC合同签订到并网投运仅仅82天，实现了在开发性建设领域“当年组建队伍，当年申报指标，当年投资建设，当年并网发电”的战略目标。2020年，浙江省竞价光伏发电项目共25个，青田项目是唯一一个实现年底并网的单独选址建设项目。2020年11月27日，在浙江省光伏发电项目建设工作推进会上，中电工程是唯一一家受浙江省能源局表扬的投资人。

（执笔人：陈士中　华东院发电工程分公司第一党支部书记）

点评 项目联合党支部的成立，为各参建单位间打开一条新的沟通渠道，有效解决了项目党建工作融入工程建设各环节的难题。华东院项目临时党支部发挥“红色引擎”作用，党建工作更加“接地气”，通过“共学共享、共建共商、共甘共苦”高效解决项目推进中遇到的困难，为项目党建的实践和探索提供了有益借鉴。

“三抓三促” 融合谋发展

咨询公司济宁PPP项目临时党支部

一、案例背景

济宁高新区生态水系综合治理及景观提升PPP项目（以下简称济宁PPP项目）位于山东省济宁市高新区，由中国电力建设工程咨询有限公司（以下简称咨询公司）作为牵头人与中国能建建筑集团组成联合体负责实施，建设周期为30个月。联合体总承包项目部有党员10名（其中咨询公司党员8名，中国能建建筑集团党员2名）。按照党组织应建必建要求，联合体总承包方联合成立济宁PPP项目临时党支部，并设立党支部委员会，项目临时党支部结合项目实际，积极探索党建工作型模式，充分发挥党组织的引领、保障和监督作用。

二、主要做法

通过对项目党建工作新思路的探索和实践，济宁PPP项目实现了党建工作与生产经营深度融合，既促进了项目生产经营工作的开展，也提升了党建工作质量。项目党支部积极探索创新党建工作新思路，在找准党建工作与业务工作切入点的基础上，立足业务强党建，把解决业务工作的难点作为党建工作的重点，根据业务工作的目标任务，明确党建工作内容并落实保障措施。

（一）抓班子强队伍，促进战斗力提升

关键少数，示范引领。济宁PPP项目部领导班子成员牢固树立一盘棋意识，不等不靠冲锋在前，下沉项目现场，控节点、督进度、通梗阻。在项目现场破解难题，在工程推进中清障拔钉，真正发挥党员干部当前锋、打头阵、做表率作用，切实提高驾驭复杂局面和解决实际问题能力。特别是严格落实“抗疫情保进度”的部署要求，严密布防，精准施策，统筹推进，每一步都体现了党员干部的“硬核”担当。

咨询公司济宁PPP项目临时党支部党员学习党史

凝心聚力，百日攻坚。面对建设工期紧，质量要求高的高新大道标段，为保证工程按期完工，以党支部书记、项目总经理为首的领导班子亲自驻守施工现场，总揽全局协调各方，带领项目成员发扬吃苦耐劳、甘于奉献的精神，坚守岗位加班加点推进工程，把尽早通车方便群众出行放在第一位。特别是在路面铺设沥青阶段，正值酷暑，炽热的太阳下施工现场如同烤炉，为了保证质量和进度，项目领导分3班24小时全天候驻点跟班作业，统筹督导坚决不留死角。在强力推进工程建设中，项目部上下拧成一股绳，铆足一股劲，连续奋战100天，高效率高质量提前2个月完成了主路的顺利通车。

（二）抓活动创特色，促进竞争力提升

党建+结对帮扶。着眼于公司转型发展新形势、新情况，党支部探索新路子，总结新经验，寻找新规律。济宁PPP项目为公司首个非电业务，为积极探索PPP项目公司管理和PPP总承包项目管理模式，有效推动项目执行，党支部与中国能建建筑集团、山西院、东方园林在项目管理与安全生产等方面建立结对帮扶长效机制，互学互鉴、融通融合、相互促进、共同提升，充分发挥各自优势，携手形成共谋高质量发展共同体。

党建+志愿服务。济宁PPP项目管理界面广、社会影响大，党支部把党建工作与服务社区群众相结合，通过开展“学雷锋活动日”“现场慰问农民工”等活动，有效拉近“能建铁军”与人民群众之间的距离，增强当地群众认同感和支持度，不断彰显项目的影响力。

党建+和谐家庭建设。基于项目员工长期坚守一线，与家人聚少离多的现状，为弘扬舍小家顾大家的奉献精神，项目党支部组织优秀党员、和谐家庭代表录制《家风》微视频并进行展播，家人无怨无悔当好“贤内助”、架起“连心桥”、撑起“半边天”的感人故事激励每一位员工在工作岗位上自强不息、奋发有为。

咨询公司济宁PPP项目临时党支部开展志愿服务活动

（三）抓宣传强引导，促进影响力提升

创新应用“互联网+”模式开展宣传工作，通过开通项目微信公众号、抖音短视频等平台，将传统媒体与新媒体并行融合，拓宽宣传渠道，传播正能量，提升项目团队凝聚力，有效提高宣传时效性和辐射力。项目微信公众号累计发表新闻30余篇，阅读人数达三千余次；抖音短视频发表10余篇，播放量达到万余次。项目党支部制作的“庆祝中国共产党成立100周年短视频”在工地现场取景，拍摄全体党员重温入党誓词场景，展现了新一代能建人不忘初心、奋发有为的优秀品质，也彰显了每一位支部党员的使命担当。

三、实践成效

济宁PPP项目临时党支部充分发挥党组织的引领、保障和监督作用，使党建工作成为项目建设的“红色引擎”。项目部全体党员发挥出“敢想、敢先、敢闯、敢干、敢拼、敢赢”精神，助推项目管理施工顺利开展。济宁PPP项目自开工以来，在质量、安全和进度管理上多次受到了济宁政府实施机构的书面表扬，并在山东省园林绿化行业2021年度“园林优质工程”竞赛中荣获二等奖，成功树立企业在济宁的良好品牌形象。

（执笔人：杨平园　咨询公司事业部党支部纪检委员；
张　龙　咨询公司济宁PPP项目副总经理；
王胤飞　咨询公司济宁PPP项目部临时党支部宣传委员）

点评　推动项目党建与项目建设深度融合是打通全面从严治党“最后一公里”的关键。咨询公司济宁PPP项目临时党支部找准切入点，把党建工作的立足点放在服务保障业务工作上，把业务工作的难点作为党建工作的重点，通过探索实践“三抓三促”党建工作新模式，将党建工作打造成为助力项目建设的“红色引擎”。

党建引领闯新路　企政共建垦沃土

华东院综合开发党支部

一、案例背景

“碳达峰 碳中和”目标的提出和经济社会的全面绿色低碳转型，对于长期以大容量高参数煤电、核电勘察设计为主要业务的中国电力工程顾问集团华东电力设计院有限公司来说，既带来了难得的机遇，也带来了转型的挑战。为了更好地适应新形势，华东院提出，要以投资驱动自主开发新能源项目，用开发性建设的创新模式助力企业转型升级，实现跨越式发展。

华东院综合开发党支部参加青田东源镇党史竞赛

华东院综合开发党支部于2021年初由投资与开发建设部、国际业务部以及院子公司上海能建工程科技有限公司24名党员组成，所在部门是开发性建设业务的主要承担者。党支部在分析开发性建设项目的特点后提出，要充分利用央企身份和企业位于党诞生地的优势，结合华东院在电力建设领域建立的长期良好品牌形象，采用“党建引领促开发”的模式，主动走出去，与项目所在地的党组织取得联系，建立沟通渠道，通过多种形式的共建活动助力项目开发。

二、主要做法

支部根据各片区项目开发地不同的特点和党建特色，因地制宜地探索开发出了形式多样、内容丰富的央地共建活动。

（一）“请进来”，实现资源共享中的情感交流

支部先后邀请了浙江青田东源镇党支部、甘肃玉门市党委等来华东院开展共建，并精心策划内容丰富、形式多样的活动方案。双方本着“密

华东院综合开发党支部与联建党支部党员一起重温入党誓言

切联系、扩大交流、促进合作、共同发展”的原则，以党建为引领，以共建为平台，以思想政治学习和党史学习为起点，向业务、文化等领域拓展。

华东院党委对此高度重视并给予了大力支持，与共建单位党委开展交流，既从公司整体层面介绍和交流党建工作经验、工作成果，又从组织生活、专业技术、业务合作等具体层面作了深入探讨。支部充分利用上海丰富的红色教育资源，带领到访党组织到中共一大、二大会址等红色教育基地进行参观。共建双方在具有上海特色的“红色之旅”中，增进情感交流，加深友谊，在“红色引擎”驱动下，促进了党建与业务的深度融合。

（二）“走出去”，实现项目依托下的文化融合

华东院业务发展方向的转变对传统经营方式提出了挑战。以前只需专心为业主做好技术咨询服务、而现在需要自行承担项目开发建设的全部工作。主要沟通对象由中央、地方国有能源企业变成了项目开发所在地的各级政府、职能部门以及电力公司等企事业单位。综合开发党支部致力于思考和探索在陌生的地区快速打开局面的渠道和方法，以项目为依托，以党

华东院综合开发党支部党员赴万山乡红色教育基地学习

建共建为切入点快速融入当地，大力推动项目开发的顺利进行。

支部奔赴项目所在地，与相关党组织开展以“党建联谊、企政合作”为主题的党建共建活动。在青田万山红色文化礼堂、酒泉玉门铁人王进喜纪念馆等革命遗址和展馆，参与共建活动的党员一同参观学习，追寻先烈足迹、聆听先烈事迹，激发奋进之志，把忠诚和担当刻在心坎里，融入事业中。

（三）“共提升”，实现党建引领下的项目共赢

综合开发党支部通过“请进来”“走出去”实现“共提升”，通过交流学习、参加地方各类活动、支部联建等丰富多样的企政共建活动，破除了企政双方在项目开发过程中的隔阂；拓宽了与项目开发地各级政府的沟通渠道，增进了相互之间的友谊；让地方迅速了解华东院实力和项目开发的决心、增强对华东院的信任和支持力度；为华东院在各地的自主开发建设工作打下坚实的基础。

为庆祝党的百年华诞，支部与东源镇党支部共同举办了以“学党史·强信念·跟党走 庆祝建党100周年”为主题的知识竞赛，支部党员同

华东院综合开发党支部与阜山乡党委开展联建活动

志认真准备，激烈角逐，共同取得了好成绩。在开展党的理论学习的同时，支部共建活动以“党建联谊、项目开发”为抓手，重点围绕新能源项目建设布局开展座谈，与所在地党组织进行了认真而务实的交流和探讨。

三、实践成效

综合开发党支部在“党建引领促开发”的新型党建模式下，快速地打开了开发项目的新局面，在项目前期开发、中间建设、后期运营以及地区滚动式开发方面都取得了丰硕的成果。

华东院综合开发党支部与青田县阜山乡党委进行座谈

浙江青田东源镇、万山乡35MWp复合利用光伏发电项目是华东院第一次完全自主开发的投—建—营一体化的新能源项目，也是中电工程开发性建设业务的“首单”。项目顺利实施，实现了在开发性建设领域“四个当年”的战略目标。项目开发和建设期间，得到了当地各级党组织的大力支持。特别是建设期遭遇村民误解，东源镇党委积极组织多位具有群众基础、熟悉相关业务的老党员协助开展协调工作，成功化解了工程建设与村民生产之间的矛盾，保障了项目的顺利建设。在丽水地区各级党组织和电力公司的支持下，华东院成功开展了丽水地区新能源资源的普查工作，并顺利完成了缙云80兆瓦光伏发电项目备案和景宁、阜山等地光伏发电项目前期开发工作，实现院公司在丽水乃至浙江地区的滚动开发的战略目标。2021年9月，在甘肃酒泉各级政府的大力支持下，华东院自主开发的首个“光热+”试点项目成功备案，获得当地新能源开发建设指标，实现了华东院在甘肃新能源项目开发零的突破，也为华东院高质量完成当年的生产经营任务目标提供了重要支撑。

（执笔人：叶　华　综合开发党支部组织委员）

点评 基层党组织在抓党建工作时不能偏离生产经营这个中心，华东院综合开发党支部围绕生产经营中心工作，通过“央地共建”，走出去、请进来、共提升，走出了一条“党建引领共促发展”的创新之路。

依托属地红色资源 “内修外联”提升项目党建效能

山西院林州红旗渠党支部

一、案例背景

红色资源是我们党艰辛而辉煌奋斗历程的见证，是最宝贵的精神财富。红色血脉是中国共产党政治本色的集中体现，是新时代中国共产党人的精神力量源泉。中国能源建设集团山西省电力勘测设计院有限公司承建的林州市旅游通道综合改造提升PPP项目，建设在“人工天河”红旗渠畔。2018年4月，山西院党委在项目设立林州红旗渠党支部，充分利用当地红色资源，将红色教育融入到央企品牌及项目履约中，打造特色项目党建，将党的政治优势和组织优势转化为业务优势，推动项目顺利履约。

山西院林州红旗渠党支部赴河北省涉县八路军129师纪念馆参观学习

党支部充分利用项目驻地的红色资源——林州红旗渠，从成立的那一刻起就与这一红色血脉结下不解之缘。作为一支集团内跨单位的联合党支部，其党建工作的质量对于中国能建在项目驻地的品牌宣传至关重要，党支部以“地企联建，党建共建”为抓手，通过“内修外联”的党建模式，加强党建引领。

二、主要做法

（一）设立联合支部，实现同频共振

林州市旅游通道综合改造提升PPP项目是山西院作为项目牵头方于2018年开发并实施的首个非电PPP项目。为充分发挥党支部的战斗堡垒作用，激励党员在重点项目一线建设中更好地发挥先锋模范作用，确保项目建设顺利实施，山西院党委特在项目部成立林州红旗渠党支部。

红旗渠精神的内涵是“自力更生、艰苦创业、团结协作、无私奉献”。该党支部由联合体成员单位联合组建，一直秉承“弘扬红旗渠精神，树立中国能建品牌”的理念，充分发挥联合党支部“统揽全局、协调各方”的优势，促进成员单位对内加强团结互利共赢，对外共同打造能建品牌，内外同步实现“1+1＞2”的协同效应，共同为打造林州市旅游通道精品工程贡献力量。

（二）传承红色血脉，加强红色教育

林州作为红旗渠精神的孕育地及发扬地，当地红色教育资源丰富。红旗渠党支部扎根项目驻地，不断挖掘周边红色资源，紧抓政治建设和思想建设，开展了“致敬红旗渠沧桑正道，点燃新时代青年斗志”青年对话红旗渠劳模、“献出一片爱心，托起一份希望”爱心捐助林州市原康镇三宗庙小学、“踏访三千里人工天河，续讲六十年红旗渠史”重走红旗渠、观看“走近红旗渠”大型舞台剧、“弘扬红旗渠精神，树立中国能建品牌”主题团日、“不忘初心、弘扬西沟纪兰精神、牢记使命、助力红旗渠精品

工程”主题党日、纪念建党99周年主题党日、谷文昌生平事迹展览馆参观等一系列特色活动。通过全方位、立体化的“红旗渠”系列活动，“自力更生、艰苦创业、团结协作、无私奉献”的红旗渠精神历久弥新，深深扎根于每个项目部成员心中。身临其境的现场体验，加强了支部党员参与红色教育活动的互动性和体验感，使红色资源活化为可触可感的精神食粮，帮助支部党员和项目部员工铭记峥嵘岁月、传承红色血脉。特色活动也激励了参建各方在项目实施过程中锤炼中国能建人敢打硬仗、能打胜仗的品质，努力在红旗渠畔打造旅游通道精品工程、树立能建品牌。

山西院林州红旗渠党支部邀请张买江、郭秋英为大家讲述红旗渠故事

（三）加强党建引领，助力项目推进

为使PPP项目得到当地政府部门的大力支持，林州红旗渠党支部以“企地联建，党建共建”为抓手，以红色资源为纽带，积极联系当地政府相关部门共同开展多次大型红色教育党建共建活动，在活动中加强与政府部门的沟通，增进互助互信，凝聚合力，在项目推进上努力使各相关方做到思想上合心、工作上合力、行动上合拍。

在项目部内部，林州红旗渠党支部围绕项目建设开展党建工作，推动党建融入生产经营。对于关乎项目顺利推进的重大事项，由党组织在决策前充分研究讨论，做到方向正确，措施具体。日常工作中，党支部充分发挥党员占比高、覆盖部门全的特点，建立党员示范区，在关键节点充分发挥党员的战斗堡垒作用，以点带面，推动了项目顺利实施。

三、实践成效

林州红旗渠党支部通过系列红色主题活动，促进了红色血脉的传承，增强了项目部执行力与战斗力，为项目的顺利推进筑牢了精神根基。在党支部的带领下，经过项目部成员的努力，林州市旅游通道综合改造提升PPP项目一期工程8个子项目如期建设完成，顺利进入运营期。项目的良好实施展现了央企品牌形象，获得了林州市政府的高度认可。

山西院林州红旗渠党支部联合与当地政府主管单位人员共同在红旗渠源重温入党誓词

该PPP项目的项目公司——中能建（林州）投资建设有限公司获得林州公路建设指挥部授予的年度和2019年度支持林州公路建设重大贡献奖。支部书记先后荣获“中电工程劳动模范”、林州市“红旗渠精神奖”称号；12名党员先后获得山西省省直机关优秀党员、山西院优秀党员、优秀党务工作者等称号。

（执笔人：段二朋　山西院林州红旗渠党支部宣传委员）

点评 党支部建设搞得好，关键是接地气、有生气。林州红旗渠党支部依托属地红色资源，以“企地联建，党建共建”为抓手，使党支部工作抓住了重点、党建创新融入项目建设找准了结合点，让红旗渠精神与敢打硬仗、能打硬仗的企业精神充分集合，推动了项目顺利实施，以实践证明了党建工作抓实了就是有用、有为、有位。

后 记

为坚持和加强党的全面领导，落实党要管党、全面从严治党要求，强化党支部政治功能，提升党支部组织力，提高党支部科学化、规范化、标准化建设水平，在中电工程党委的指导下，中电工程党群工作部组织力量编写了《堡垒·先锋——中国电力工程顾问集团有限公司基层党支部优秀案例集》。此次编写，共征集案例115篇，经初选、再选、修改、评审后，最终确定具有典型性、示范性的49篇案例收录书中，为基层党支部提供借鉴参考。

本书的编写工作，得到了中电工程领导同志、中国能建党群工作部、本部有关部门以及所属企业党委的大力支持。专家吕晓科在编写、校审等工作上给予了帮助。在此表示衷心的感谢！

在编发案例集的基础上，我们将持续总结提炼、宣传推广基层党支部的好做法好经验，以点带面发挥引领带动作用，全方位提升支部战斗力，推动基层党组织全面进步、全面过硬，为建设世界一流能源电力及基础设施一体化公司提供坚强保证。